Level 3

¡Avancemos!

Unit 1 Resource Book

Printed in United States of America

Fine Art Acknowledgments

Page 99 *A Popular Dance* (19th century), Mexican School. Oil on canvas. Giraudon/The Bridgeman Art Library.

Page 100 *Tehuana* (1930), Miguel Covarrubias. Gouache on paper. Courtesy of The Mexican Museum, San Francisco, and the Miguel Covarrubias Estate.

Page 101 *Mis sobrinas* (1952), María Izquierdo. Museo Nacional de Arte Moderno, INBA, Mexico. Photo: Schalkwijk/Art Resource, NY.

Page 102 *Portrait of Virginia* (1929), Frida Kahlo. 76.5 x 59.5 cm. © 2005 Banco de México Diego Rivera & Frida Kahlo Museums Trust, Av. Cinco de Mayo No. 2, Col. Centro, Del. Cuauhtémoc 06059, México D.F./Photograph by Schalkwijk/Art Resource, NY.

ISBN-13: 978-0-618-75363-5
ISBN-10: 0-618-75363-X 6 7 8 9 1689 14 13 12 11
4500281132

Internet: www.holtmcdougal.com

HOLT McDOUGAL

¡Avancemos!

Table of Contents

To the Teacher

Welcome to *¡Avancemos!* This exciting new Spanish program from McDougal Littell has been designed to provide you—the teacher of today's foreign language classroom—with comprehensive pedagogical support.

PRACTICE WITH A PURPOSE

Activities throughout the program begin by establishing clear goals. Look for the **¡Avanza!** arrow that uses student-friendly language to lead the way towards achievable goals. Built-in self-checks in the student text (**Para y piensa:** Did you get it?) offer the chance to assess student progress throughout the lesson. Both the student text and the workbooks offer abundant leveled practice to match varied student needs.

CULTURE AS A CORNERSTONE

¡Avancemos! celebrates the cultural diversity of the Spanish-speaking world by motivating students to think about similarities and contrasts among different Spanish-speaking cultures. Essential questions encourage thoughtful discussion and comparison between different cultures.

LANGUAGE LEARNING THAT LASTS

The program presents topics in manageable chunks that students will be able to retain and recall. "Recycle" topics are presented frequently so students don't forget material from previous lessons. Previously learned content is built upon and reinforced across the different levels of the program.

TIME-SAVING TEACHER TOOLS

Simplify your planning with McDougal Littell's exclusive teacher resources: the all-inclusive EasyPlanner DVD-ROM, ready-made Power Presentations, and the McDougal Littell Assessment System.

Unit Resource Book

Each Unit Resource Book supports a unit of *¡Avancemos!* The Unit Resource Books provide a wide variety of materials to support, practice, and expand on the material in the *¡Avancemos!* student text.

Components **Following is a list of components included in each Unit Resource Book:**

BACK TO SCHOOL RESOURCES (UNIT 1 ONLY)

Review and start-up activities to support the **Lección preliminar** of the textbook.

DID YOU GET IT? RETEACHING & PRACTICE COPYMASTERS

If students' performance on the **Para y piensa** self-check for a section does not meet your expectations, consider assigning the corresponding Did You Get It? Reteaching and Practice Copymasters. These copymasters provide extensive reteaching and additional practice for every vocabulary and grammar presentation section in *¡Avancemos!* Each vocabulary and grammar section has a corresponding three-page copymaster. The first page of the copymaster reteaches the subject material in a fresh manner. Immediately following this presentation page are two pages of practice exercises that help the student master the topic. The practice pages have engaging contexts and structures to retain students' attention.

PRACTICE GAMES

These games provide fun practice of the vocabulary and grammar just taught. They are targeted in scope so that each game practices a specific area of the **lesson**: *Práctica de vocabulario, Vocabulario en contexto, Práctica de gramática, Gramática en contexto, Todo junto, Repaso de la lección*, and the lesson's cultural information.

Video and audio resources

VIDEO ACTIVITIES

These two-page copymasters accompany the Vocabulary Video and each scene of the **Telehistoria** in Levels 1 and 2 and the **Gran desafío** in Level 3. The pre-viewing activity asks students to activate prior knowledge about a theme or subject related to the scene they will watch. The viewing activity is a simple activity for students to complete as they watch the video. The post-viewing activity gives students the opportunity to demonstrate comprehension of the video episode.

VIDEO SCRIPTS

This section provides the scripts of each video feature in the unit.

AUDIO SCRIPTS

This section contains scripts for all presentations and activities that have accompanying audio in the student text as well as in the two workbooks (*Cuaderno: práctica por niveles* and *Cuaderno para hispanohablantes*) and the assessment program.

Culture resources

MAP/CULTURE ACTIVITIES

This section contains a copymaster with geography and culture activities based on the Unit Opener in the textbook.

FINE ART ACTIVITIES

The fine art activities in every lesson ask students to analyze pieces of art that have been selected as representative of the unit location country. These copymasters can be used in conjunction with the full-color fine art transparencies in the Unit Transparency Book.

Home-school connection

FAMILY LETTERS & FAMILY INVOLVEMENT ACTIVITIES

This section is designed to help increase family support of the students' study of Spanish. The family letter keeps families abreast of the class's progress, while the family involvement activities let students share their Spanish language skills with their families in the context of a game or fun activity.

ABSENT STUDENT COPYMASTERS

The Absent Student Copymasters enable students who miss part of a **lesson** to go over the material on their own. The checkbox format allows teachers to choose and indicate exactly what material the student should complete. The Absent Student Copymasters also offer strategies and techniques to help students understand new or challenging information.

Core Ancillaries in the ¡Avancemos! Program

Leveled workbooks

CUADERNO: PRÁCTICA POR NIVELES

This core ancillary is a leveled practice workbook to supplement the student text. It is designed for use in the classroom or as homework. Students who can complete the activities correctly should be able to pass the quizzes and tests. Practice is organized into three levels of difficulty, labeled A, B, and C. Level B activities are designed to practice vocabulary, grammar, and other core concepts at a level appropriate to most of your students. Students who require more structure can complete Level A activities, while students needing more of a challenge should be encouraged to complete the activities in Level C. Each level provides a different degree of linguistic support, yet requires students to know and handle the same vocabulary and grammar content.

The following sections are included in *Cuaderno: práctica por niveles* for each **lesson**:

- Vocabulario A, B, C
- Gramática 1 A, B, C
- Gramática 2 A, B, C
- Integración: Hablar
- Integración: Escribir
- Escuchar A, B, C
- Leer A, B, C
- Escribir A, B, C
- Cultura A, B, C

CUADERNO PARA HISPANOHABLANTES

This core ancillary provides leveled practice for heritage learners of Spanish. Level A is for heritage learners who hear Spanish at home but who may speak little Spanish themselves. Level B is for those who speak some Spanish but don't read or write it yet and who may lack formal education in Spanish. Level C is for heritage learners who have had some formal schooling in Spanish. These learners can read and speak Spanish, but may need further development of their writing skills. The *Cuaderno para hispanohablantes* will ensure that heritage learners practice the same basic grammar, reading, and writing skills taught in the student text. At the same time, it offers additional instruction and challenging practice designed specifically for students with prior knowledge of Spanish.

The following sections are included in *Cuaderno para hispanohablantes* for each **lesson**:

- Vocabulario A, B, C
- Vocabulario adicional
- Gramática 1 A, B, C
- Gramática 2 A, B, C
- Gramática adicional
- Integración: Hablar
- Integración: Escribir
- Lectura A, B, C
- Escritura A, B, C
- Cultura A, B, C

Other Ancillaries

ASSESSMENT PROGRAM

For each level of *¡Avancemos!*, there are four complete assessment options. Every option assesses students' ability to use the lesson and unit vocabulary and grammar, as well as assessing reading, writing, listening, speaking, and cultural knowledge. The on-level tests are designed to assess the language skills of most of your students. Modified tests provide more support, explanation and scaffolding to enable students with learning difficulties to produce language at the same level as their peers. Pre-AP* tests build the test-taking skills essential to success on Advanced Placement tests. The assessments for heritage learners are all in Spanish, and take into account the strengths that native speakers bring to language learning.

In addition to leveled lesson and unit tests, there is a complete array of vocabulary, culture, and grammar quizzes. All tests include scoring rubrics and point teachers to specific resources for remediation.

UNIT TRANSPARENCY BOOKS—1 PER UNIT

Each transparency book includes:

- Map Atlas Transparencies (Unit 1 only)
- Unit Opener Map Transparencies
- Fine Art Transparencies
- Vocabulary Transparencies
- Grammar Presentation Transparencies
- Situational Transparencies with Label Overlay (plus student copymasters)
- Warm Up Transparencies
- Student Book and Workbook Answer Transparencies

LECTURAS PARA TODOS

A workbook-style reader, *Lecturas para todos*, offers all the readings from the student text as well as additional literary readings in an interactive format. In addition to the readings, they contain reading strategies, comprehension questions, and tools for developing vocabulary.

There are four sections in each *Lecturas para todos*:

- *¡Avancemos!* readings with annotated skill-building support
- *Literatura adicional*—additional literary readings
- Academic and Informational Reading Development
- Test Preparation Strategies

* AP and the Advanced Placement Program are registered trademarks of the College Entrance Examination Board, which was not involved in the production of and does not endorse this product.

LECTURAS PARA HISPANOHABLANTES

Lecturas para hispanohablantes offers additional cultural readings for heritage learners and a rich selection of literary readings. All readings are supported by reading strategies, comprehension questions, tools for developing vocabulary, plus tools for literary analysis.

There are four sections in each *Lecturas para hispanohablantes*:

- *En voces* cultural readings with annotated skill-building support
- *Literatura adicional*—high-interest readings by prominent authors from around the Spanish-speaking world. Selections were chosen carefully to reflect the diversity of experiences Spanish-speakers bring to the classroom.
- Bilingual Academic and Informational Reading Development
- Bilingual Test Preparation Strategies, for success on standardized tests in English

COMIC BOOKS

These fun, motivating comic books are written in a contemporary, youthful style with full-color illustrations. Each comic uses the target language students are learning. There is one 32-page comic book for each level of the program.

TPRS: TEACHING PROFICIENCY THROUGH READING AND STORYTELLING

This book includes an up-to-date guide to TPRS and TPRS stories written by Piedad Gutiérrez that use *¡Avancemos!* lesson-specific vocabulary.

MIDDLE SCHOOL RESOURCE BOOK

- Practice activities to support the 1b Bridge lesson
- Diagnostic and Bridge Unit Tests
- Transparencies
  - Vocabulary Transparencies
  - Grammar Transparencies
  - Answer Transparencies for the Student Text
  - Bridge Warm Up Transparencies
- Audio CDs

LESSON PLANS

- Lesson Plans with suggestions for modifying instruction
- Core and Expansion options clearly noted
- IEP suggested modifications
- Substitute teacher lesson plans

BEST PRACTICES TOOLKIT

Strategies for Effective Teaching

- Research-based Learning Strategies
- Language Learning that Lasts: Teaching for Long-term Retention
- Culture as a Cornerstone/Cultural Comparisons
- English Grammar Connection
- Building Vocabulary
- Developing Reading Skills
- Differentiation
- Best Practices in Teaching Heritage Learners
- Assessment (including Portfolio Assessment, Reteaching and Remediation)
- Best Practices Swap Shop: Favorite Activities for Teaching Reading, Writing, Listening, Speaking
- Reading, Writing, Listening, and Speaking Strategies in the World Languages classroom
- ACTFL Professional Development Articles
- Thematic Teaching
- Best Practices in Middle School

Using Technology in the World Languages Classroom

Tools for Motivation

- Games in the World Languages Classroom
- Teaching Proficiency through Reading and Storytelling
- Using Comic Books for Motivation

Pre-AP and International Baccalaureate

- International Baccalaureate
- Pre-AP

Graphic Organizer Transparencies

- Teaching for Long-term Retention
- Teaching Culture
- Building Vocabulary
- Developing Reading Skills

Absent Student Copymasters—Tips for Students

LISTENING TO CDS AT HOME

- Open your text, workbook, or class notes to the corresponding pages that relate to the audio you will listen to. Read the assignment directions if there are any. Do these steps before listening to the audio selections.
- Listen to the CD in a quiet place. Play the CD loudly enough so that you can hear everything clearly. Keep focused. Play a section several times until you understand it. Listen carefully. Repeat aloud with the CD. Try to sound like the people on the CD. Stop the CD when you need to do so.
- If you are lost, stop the CD. Replay it and look at your notes. Take a break if you are not focusing. Return and continue after a break. Work in short periods of time: 5 or 10 minutes at a time so that you remain focused and energized.

QUESTION/ANSWER SELECTIONS

- If there is a question/answer selection, read the question aloud several times. Write down the question. Highlight the key words, verb endings, and any new words. Look up new words and write their meaning. Then say everything aloud.
- One useful strategy for figuring out questions is to put parentheses around groups of words that go together. For example: **(¿Cuántos niños)(van)(al estadio)(a las tres?)** Read each group of words one at a time. Check for meaning. Write out answers. Highlight key words and verb endings. Say the question aloud. Read the answer aloud. Ask yourself if you wrote what you meant.
- Be sure to say everything aloud several times before moving on to the next question. Check for spelling, verb endings, and accent marks.

FLASHCARDS FOR VOCABULARY

- If you have Internet access, go to ClassZone at classzone.com. All the vocabulary taught in *¡Avancemos!* is available on electronic flashcards. Look for the flashcards in the *¡Avancemos!* section of ClassZone.
- If you don't have Internet access, write the Spanish word or phrase on one side of a 3″× 5″ card, and the English translation on the other side. Illustrate your flashcards when possible. Be sure to highlight any verb endings, accent marks, or other special spellings that will need a bit of extra attention.

GRAMMAR ACTIVITIES

- Underline or highlight all verb endings and adjective agreements. For example: **Nosotros comemos pollo rico.**
- Underline or highlight infinitive endings: **trabajar**.
- Underline or highlight accented letters. Say aloud and be louder on the accented letters. Listen carefully for the loudness. This will remind you where to write your accent mark. For example: **lápiz**, **lápices**, **árbol**, **árboles**
- When writing a sentence, be sure to ask yourself, "What do I mean? What am I trying to say?" Then check your sentence to be sure that you wrote what you wanted to say.
- Mark patterns with a highlighter. For example, for stem-changing verbs, you can draw a "boot" around the letters that change:

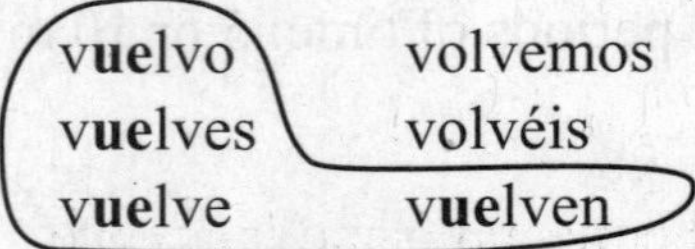

READING AND CULTURE SECTIONS

- Read the strategy box. Copy the graphic organizer so you can fill it out as you read.
- Look at the title and subtitles before you begin to read. Then look at and study any photos and read the captions. Translate the captions only if you can't understand them at all. Before you begin to read, guess what the selection will be about. What do you think that you will learn? What do you already know about this topic?
- Read any comprehension questions before beginning to read the paragraphs. This will help you focus on the upcoming reading selection. Copy the questions and highlight key words.
- Reread one or two of the questions and then go to the text. Begin to read the selection carefully. Read it again. On a sticky note, write down the appropriate question number next to where the answer lies in the text. This will help you keep track of what the questions have asked you and will help you focus when you go back to reread it later, perhaps in preparation for a quiz or test.
- Highlight any new words. Make a list or flashcards of new words. Look up their meanings. Study them. Quiz yourself or have a partner quiz you. Then go back to the comprehension questions and check your answers from memory. Look back at the text if you need to verify your answers.

PAIRED PRACTICE EXERCISES

- If there is an exercise for partners, practice both parts at home.
- If no partner is available, write out both scripts and practice both roles aloud. Highlight and underline key words, verb endings, and accent marks.

WRITING PROJECTS

- Brainstorm ideas before writing.
- Make lists of your ideas.
- Put numbers next to the ideas to determine the order in which you want to write about them.
- Group your ideas into paragraphs.
- Skip lines in your rough draft.
- Have a partner read your work and give you feedback on the meaning and language structure.
- Set it aside and reread it at least once before doing a final draft. Double-check verb endings, adjective agreements, and accents.
- Read it once again to check that you said what you meant to say.
- Be sure to have a title and any necessary illustrations or bibliography.

Nombre ______________________ Clase ______________ Fecha ______________

Mis amigos y yo *Práctica de vocabulario*

Level 3 pp. 2–5

¡AVANZA! **Goal:** Talk about yourself and others.

1 Escribe la letra de la palabra en inglés con la palabra en español.

1. ____	la ciencia ficción	**a.**	advanced
2. ____	regatear	**b.**	science fiction
3. ____	tomar fotos	**c.**	to go on a day trip
4. ____	la actriz	**d.**	to bargain
5. ____	avanzado(a)	**e.**	actress
6. ____	hacer una excursión	**f.**	to take photos

2 Escribe los nombres de las actividades ilustradas en los dibujos.

Modelo: 

visitar un museo

1.

2.

3.

4.

5.

1. ____

2. ____

3. ____

4. ____

5. ____

Nombre _______________ Clase _______________ Fecha _______________

❸ Ahora, pregúntales a tus compañeros de clase sobre las actividades que les gustan hacer. Escribe sus respuestas en las líneas.

1. ¿Qué te gusta hacer los fines de semana?
____
2. ¿Quién es tu actor favorito?
____
3. ¿Quién es tu actriz favorita?
____
4. ¿Prefieres visitar un museo o dar una caminata? ¿Por qué?
____
5. ¿Qué haces cuando estás en línea?
____

❹ Trata de incluir todas las palabras de la caja para describir la excursión que hace la familia Saucedo.

la cámara digital	**la ciencia ficción**	**dibujar**	**acampar**	**pescar**	**tomar fotos**

Sra. Saucedo
Sr. Saucedo
Elena
Esteban
Patricio

____
____
____
____
____
____

Nombre ______________ Clase ______________ Fecha ______________

Mis amigos y yo *Práctica de gramática*

Level 3 **pp. 2–5**

¡AVANZA! **Goal:** Talk about what you and others like to do.

1 Llena los espacios en blanco con la forma correcta del verbo **gustar**.

1. No me ______________ libros de ciencia ficción.
2. A Jorge no le ______________ hacer la tarea.
3. ¿Qué sabor de helado te ______________ ?
4. Nos ______________ los fines de semana.
5. Les ______________ días soleados.
6. ¿Les ______________ practicar deportes?

2 Escribe oraciones sobre lo que **les gusta** o **no les gusta** a las siguientes personas.

Modelo: *A ellos no les gusta visitar museos.*

1. **2.** **3.** **4.** **5.**

1. ______________________________
2. ______________________________
3. ______________________________
4. ______________________________
5. ______________________________

Lección preliminar

Back to School Resources

Nombre ______________________ Clase ______________ Fecha ______________

❸ Completa las oraciones con el tiempo presente de los verbos que están entre paréntesis.

1. No me ______________ (gustar) las películas románticas.
2. Cuando estamos de viaje siempre ______________ (visitar) muchos museos.
3. Mi papá ______________ (pescar) los fines de semana.
4. Tú ______________ (escribir) un libro de ciencia ficción.
5. A Pablo y a Samuel les ______________ (gustar) regatear en el mercado.
6. Yo siempre ______________ (leer) antes de dormir.
7. Después de dar una caminata, nosotros ______________ (comer) un almuerzo grande.
8. Ellos ______________ (vivir) muy lejos de aquí.

❹ Empareja una persona de la columna A, un verbo regular de la columna B y un sustantivo de la columna C para escribir seis oraciones completas.

Modelo: *Tomás escribe los correos electrónicos a sus amigos.*

A	B	C
Tomás	comunicar	el mensajero instantáneo
Susana y Diana	anotar	el libro
El maestro	compartir	**los correos electrónicos**
Yo	**escribir**	los actores
Tú	recibir	la tarea
Nosotros	gustar	las buenas notas
Adán y Heide	leer	la torta

____

____

____

____

____

____

Nombre ______________________ Clase ______________ Fecha ______________

¿Qué saben hacer? *Práctica de vocabulario*

Level 3 **pp. 6–11**

¡AVANZA! **Goal:** Talk about the things that you and others know how to do.

1 Empareja las actividades del **vocabulario** con los lugares ideales para hacerlas.

1 ____ hacer ejercicio	**a.** un blog del Internet
2. ____ meter un gol	**b.** un gimnasio
3. ____ montar a caballo	**c.** el campo
4. ____ jugar en equipo	**d.** la cancha de fútbol
5. ____ contar	**e.** una cancha de béisbol

2 Subraya las palabras del **vocabulario** que mejor completan las oraciones.

1. Juanes es un cantante colombiano que gana muchos (premios/goles).
2. Alberto Medina juega fútbol con (el ejercicio/el equipo) Guadalajara.
3. Beatriz Ferrer-Salat es amazona española que (monta/mete) a caballo.
4. María Amparo Escandón sabe bien (contar/jugar) novelas.
5. Las personas que hacen ejercicios con frecuencia pueden ser muy (premios/ musculosas).

3 Llena los espacios en blanco con la palabra apropiada del **vocabulario**.

rápido	**el premio**	**competir**	**contar**	**musculoso**	**meter un gol**

1. ¿Quién va a ganar ________________ el Mejor album del año?
2. El partido de fútbol está empatado. El equipo rojo tiene que ________________ para ganar.
3. Este hombre es muy ________________, le gusta levantar pesas en el gimnasio.
4. El ganador de esta carrera tiene que ser un caballo muy ________________.
5. Me gusta ________________, por eso juego tantos deportes.

4 Pregúntales a cinco de tus compañeros de clase sobre lo que saben hacer. Escribe sus respuestas en la tabla.

¿Qué sabes hacer?	
nombre de compañero/a	**qué sabe hacer**
1.	
2.	
3.	
4.	
5.	

Nombre ______________________ Clase ________________ Fecha ________________

¿Qué saben hacer? *Práctica de gramática*

Level 3 **pp. 6–11**

¡AVANZA! **Goal:** Talk about what you and others know how to do.

1 Empareja las personas con las formas correctas de **ser, estar** e **ir**.

1. ____ Yo		**a.**	está
2. ____ Tú y tus amigos		**b.**	soy
3. ____ Eduardo y yo		**c.**	eres
4. ____ Mamá		**d.**	van
5. ____ Tú		**e.**	estamos

2 Mira los dibujos y di adónde van las siguientes personas.

Modelo: *Yo voy a Venezuela.*

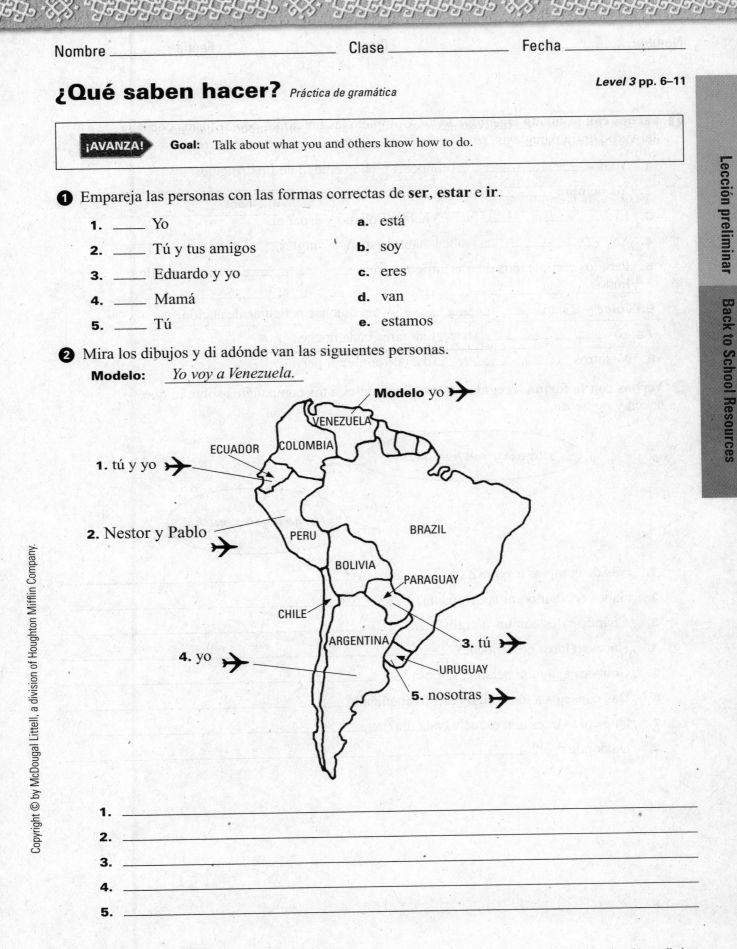

1. ____

2. ____

3. ____

4. ____

5. ____

Nombre ______________________ Clase ______________ Fecha ______________

3 Verbos con la forma irregular «yo». Completa las oraciones con la forma correcta del verbo entre paréntesis. *(Fill in the blanks with the correct conjugation.)*

1. Yo no ______________ (conocer) bien la ciudad de Los Ángeles.
2. Yo siempre ______________ (poner) la mesa antes de cenar.
3. Él ______________ (saber) hablar italiano y español.
4. Yo ______________ (saber) hablar español y inglés.
5. Para los cumpleaños de mis amigos yo les ______________ (traer) regalos lindos.
6. Jorge y Ricardo ______________ (ver) muchas películas de acción.
7. Yo ______________ (hacer) mi tarea cada noche.
8. Nosotros ______________ (dar) de comer al perro.

4 Verbos con la forma irregular «yo». Pregúntales a tus compañeros sobre lo que hacen y no hacen.

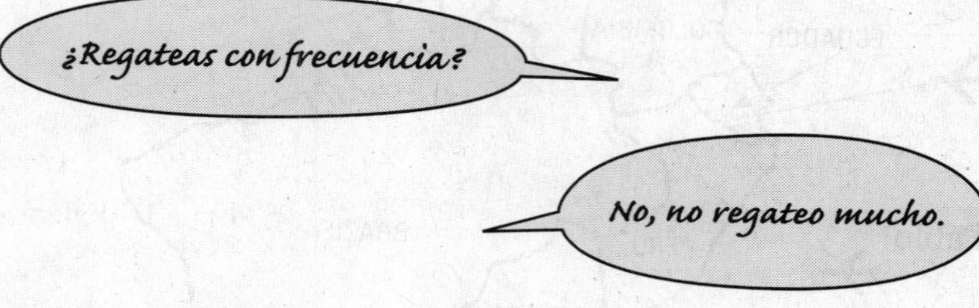
¿Regateas con frecuencia?
No, no regateo mucho.

1. ¿Vas de compras a veces? ______________________________
2. ¿Sabes cocinar comida mexicana? ______________________________
3. ¿Cuándo sales con tus amigos? ______________________________
4. ¿Haces tu tarea cada noche? ______________________________
5. ¿Conoces a alguna persona famosa? ______________________________
6. ¿Das consejos a tus amigos con frecuencia? ______________________________
7. ¿Qué cosas traes a la escuela cada día? ______________________________
8. ¿De dónde eres? ______________________________

Nombre ______________________ Clase ______________ Fecha ______________

5 **Verbos que cambian de raíz.** Completa la conversación que tiene María con su amiga Ángela y escribe la forma correcta de los verbos que aparecen entre paréntesis.

María: **1.** ______________ (pensar) ir de compras hoy. ¿Tú **2.** ______________ (querer) acompañarme?

Ángela: Sí, **3.** ______________ (poder) devolver ese vestido que me queda demasiado grande.

María: ¿A qué hora **4.** ______________ (cerrar) el almacén?

Ángela: Yo te **5.** ______________ (confesar) que no sé.

Más tarde…

María: No **6.** ______________ (encontrar) lo que busco.

Ángela: ¿Por qué no te **7.** ______________ (probar) estos pantalones?

María: No **8.** ______________ (soler) llevar pantalones de este color. ¿Cuánto **9.** ______________ (costar)?

Ángela: **10.** ______________ (costar) veinticinco dólares.

María: Pues, **11.** ______________ (preferir) éstos, los negros.

Ángela: Bueno, ¿por qué no le **12.** ______________ (pedir) a la dependienta que te los envuelva?

6 **Verbos que cambian de raíz.** Marca un «X» al lado de los verbos que cambian **e ⟶ ie**, un «🕑» al lado de los que cambian **o ⟶ ue** y una «◈» al lado de los que cambian **e ⟶ i**. Después, completa las oraciones con las conjugaciones correctas de los verbos.

____ dormir ____ pedir ____ empezar ____ entender

____ llover ____ reír ____ servir ____ recomendar

1. Si ______________ hoy, no vamos a un picnic.
2. En los restaurantes mexicanos nosotros ______________ comida auténtica.
3. Normalmente yo ______________ ocho horas cada noche.
4. ¿Ustedes ______________ la lección? Si no, pregúntenle a la maestra.
5. ¿A qué hora ______________ la clase de matemáticas?
6. El doctor me ______________ hacer ejercicio con frecuencia.
7. Tú siempre ______________ mucho durante las películas cómicas.
8. El camarero nos ______________ la comida muy rápido.

7 **Decir**, **tener**, **venir**. Marca la respuesta correcta. *(Circle the correct answer.)*

1. Yo
   - a. digo, hago, vengo
   - b. dice, hago, vengo
   - c. digo, hago, viene
2. Tú
   - a. dices, hice, vienes
   - b. dice, haces, vengo
   - c. dices, haces, vienes
3. Amalia
   - a. dice, hace, vengo
   - b. dice, hace, viene
   - c. dicen, hace, vienes
4. Mamá y yo
   - a. dicen, hacemos, venimos
   - b. decimos, hacemos, venimos
   - c. decimos, hago, vienen
5. Alberto y su papá
   - a. digo, hacen, vienen
   - b. dicen, hacen, venimos
   - c. dicen, hacen, vienen

8 Pregúntales a tus compañeros sobre sus sueños, sus hábitos y sus talentos. Escribe sus respuestas en la tabla. *(Ask your classmates about their dreams, habits and talents.)*

¿Quieres aprender a hacer algo nuevo?

Sí, quiero aprender dibujar.

Preguntas	Nombres	Respuestas
¿Adónde vas durante los veranos?		
¿Juegas un deporte? ¿Cuál?		
¿Qué sabes hacer muy bien?		
¿Prefieres hablar con los amigos por teléfono o por Internet?		
¿Qué tienes que hacer esta tarde?		
¿Qué quieres hacer en el futuro?		

Nombre ______________________ Clase ______________ Fecha ______________

¿Lo conoces? *Práctica de vocabulario*

Level 3 **pp. 12–15**

¡AVANZA! **Goal:** Talk about the people and places you know.

1 Cruza con una línea las palabras que no corresponden a las categorías y reemplázalas con palabras del **vocabulario** que sí corresponden.

los edificios	el barrio	las emociones	las tiendas
el almacén	el parque	la joyería	la zapatería
el rascacielos	me encantaría	me hace reír	la panadería
el hotel	la parada de autobús	te da miedo	la parada de autobús
la película	las tiendas	el teatro	la librería
la parada de autobús	la lástima	¡Qué lástima!	las casas
____________	____________	____________	____________
____________	____________	____________	____________

2 **¿Cómo te sientes cuando…?** Usa las expresiones de emoción para decir cómo reaccionarías a las siguientes escenarios.

Estoy muy emocionado(a)	**¡Qué lástima!**	**Me encantaría**
Me hacen reír	**Me hacen llorar**	**Les dan miedo**

Modelo: ¿Cómo reaccionas a las películas tristes?
Me hacen llorar las películas tristes.

1. ¿Qué dices a tus amigos si sacan notas malas?
____

2. ¿Cómo te sientes el día de tu cumpleaños?
____

3. ¿Te gustaría conocer a tu actor/actriz favorito(a) del cine?
____

4. ¿Cómo reaccionas cuando ves películas cómicas?
____

5. ¿Cómo se sienten los niños con un chubasco con truenos y relámpagos *(thunderstorm)*?
____

Nombre _______________ Clase _______________ Fecha _______________

❸ Usa la información del mapa para contestar las preguntas con oraciones completas.

◈ = parada de autobús

Modelo: ¿Adónde vas para comprar medicinas?
Voy a la farmacia Cruz Roja para comprar medicinas.

1. ¿Qué se encuentra en la esquina (*corner*) derecha de Avenida Una y Calle Árbol?
____
2. ¿Adónde vas para comprar sandalias?
____
3. ¿Qué clase de tienda es El regalo perfecto?
____
4. ¿Cuántas librerías hay en esta ciudad y cómo se llama(n)?
____
5. ¿Por qué vas al Cinemundo 8?
____
6. ¿Hay un teatro en esta ciudad? ¿Cómo se llama?
____
7. ¿Adónde vas para comprar tortas y panes?
____

Nombre _______________ Clase _______________ Fecha _______________

¿Lo conoces? *Práctica de gramática*

***Level 3* pp. 12–15**

¡AVANZA! **Goal:** Talk about the people and places you know.

1 Marca la respuesta correcta de cada pregunta.

1. ¿Qué sabes hacer?
- **a.** Conoces muy bien esta ciudad.
- **b.** Sé dibujar.
- **c.** Sabemos donde vive el nuevo estudiante.

2. ¿Conoces a Manuel?
- **a.** Sí, lo conozco bien.
- **b.** Sí, lo sé manejar.
- **c.** No, Manuel no me conoce.

3. ¿Sabes el nombre de la nueva estudiante?
- **a.** Sí, sé cuando es la fiesta.
- **b.** No, no lo sé.
- **c.** Sí, conozco a Juan.

4. ¿Dónde está el Cinemundo 8?
- **a.** No sé, no conozco bien esta ciudad.
- **b.** No conozco la escuela.
- **c.** Lo siento, no sé dónde está la tienda.

5. ¿Debo traer un mapa de la ciudad?
- **a.** No, ya conozco a Pablo.
- **b.** No es necesario, la conozco hasta los rincones.
- **c.** No es necesario, sé contar.

2 Completa el párrafo con las conjugaciones correctas de **saber** y **conocer**.

Hoy es mi primer día en una nueva escuela. Estoy muy emocionada porque no **1.** _______________ cómo son los estudiantes de aquí y todavia no **2.** _______________ dónde están todas mis clases. Los deportes son muy populares en esta escuela, y como **3.** _______________ muy bien meter los goles, espero jugar en el equipo de fútbol. Ya **4.** _______________ mi maestra de español y mi maestro de matemáticas. Ellos dicen que **5.** _______________ que voy a **6.** _______________ a muchos nuevos amigos porque los alumnos aquí son muy amables.

❸ Empareja las personas con las formas correctas de **ser** y **estar**.

1. yo
2. Marcos y Lupe
3. tú y yo
4. tú
5. Sra. Ramos

a. estás
b. soy
c. está
d. somos
e. son

❹ Completa el párrafo con las formas correctas de **ser** y **estar**.

Carolina **1.** __________ de El Salvador, pero ahora **2.** __________ en Washington, D.C., que **3.** __________ la capital de los Estados Unidos. Ella **4.** __________ una chica estudiosa y simpática. Come bien y juega deportes así que casi nunca **5.** __________ enferma. Vive con su padre mientras su madre todavía **6.** __________ en El Salvador con sus hermanos menores. **7.** __________ feliz en su nueva escuela, aunque extraña mucho al resto de su familia. Carolina tiene muchos amigos aquí que **8.** __________ de varios países. Cuando **9.** __________ en la escuela, estudian, leen y aprenden. Cuando **10.** __________ en casa hacen la tarea, hablan por teléfono y miran la televisión.

❺ ¿Quién es? Haz una lista de deportistas, actores/actrices, políticos y músicos famosos. Después, usa los verbos **ser** y **estar** y las palabras descriptivas para describirlos a tus compañeros de clase sin mencionar sus nombres. Ellos tienen que adivinar quién es con base en tu descripción.

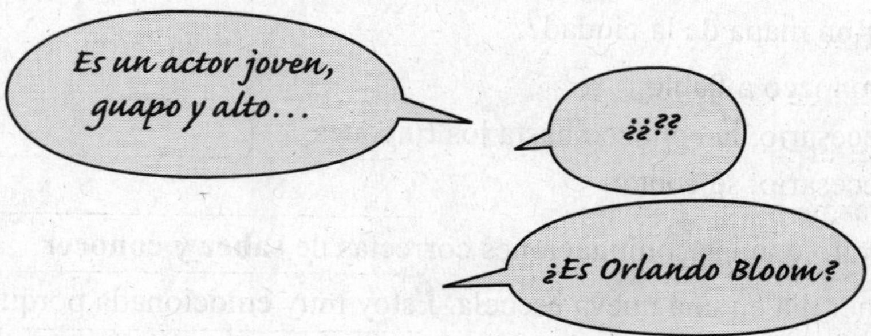
Es un actor joven, guapo y alto...
¿¿??
¿Es Orlando Bloom?

palabras descriptivas				
atlético/a	famoso/a	cantante	casado/a	divorciado/a
guapo/a	poderoso/a	talentoso/a	ganador/a	viejo/a
joven	rubio/a	moreno/a	pelirrojo/a	escandaloso/a

Nombre ______________ Clase ______________ Fecha ______________

Mi rutina diaria *Práctica de vocabulario*

Level 3 pp. 16–19

¡AVANZA! **Goal:** Talk about daily routines.

1 La rutina diaria de Beto. Empareja las actividades con las ilustraciones.

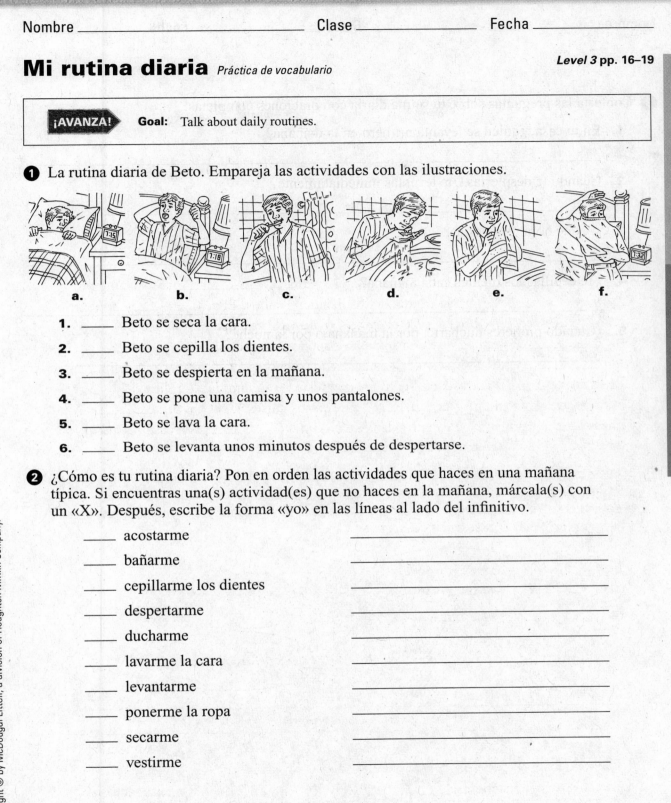

1. _____ Beto se seca la cara.
2. _____ Beto se cepilla los dientes.
3. _____ Beto se despierta en la mañana.
4. _____ Beto se pone una camisa y unos pantalones.
5. _____ Beto se lava la cara.
6. _____ Beto se levanta unos minutos después de despertarse.

2 ¿Cómo es tu rutina diaria? Pon en orden las actividades que haces en una mañana típica. Si encuentras una(s) actividad(es) que no haces en la mañana, márcala(s) con un «X». Después, escribe la forma «yo» en las líneas al lado del infinitivo.

_____ acostarme ______________

_____ bañarme ______________

_____ cepillarme los dientes ______________

_____ despertarme ______________

_____ ducharme ______________

_____ lavarme la cara ______________

_____ levantarme ______________

_____ ponerme la ropa ______________

_____ secarme ______________

_____ vestirme ______________

Nombre ______________________ Clase ______________ Fecha ______________

❸ Contesta las preguntas sobre tu rutina diaria con oraciones completas.

1. En tu casa, ¿quién se levanta primero en la mañana?

____

2. Cuando te despiertas, ¿te levantas inmediatamente?

____

3. ¿A qué hora te acuestas?

____

4. ¿Te cepillas los dientes cada mañana?

____

5. ¿Cuándo prefieres ducharte, por la mañana o por la noche?

____

Nombre _______________ Clase _______________ Fecha _______________

Mi rutina diaria *Práctica de gramática*

Level 3 pp. 16–19

¡AVANZA! **Goal:** Talk about daily routines.

1 Llena los espacios en blanco con la forma correcta de los verbos reflexivos.

1. En la mañana yo _______________ (despertarse) a las seis y media.
2. Yo _______________ (levantarse) a las siete menos cuarto.
3. Mis hermanos _______________ (ducharse) por la mañana y por eso yo _______________ (bañarse) por la noche.
4. Nosotros _______________ (cepillarse) los dientes después de levantarnos.
5. Yo _______________ (lavarse) las manos después de jugar con el perro.

2 Usa las formas correctas de cinco de los verbos reflexivos para describir una mañana típica en tu casa.

bañarse	**vestirse**	**despertarse**	**lavarse**
levantarse	**cepillarse los dientes**	**ducharse**	**secarse**

____

____

____

____

____

3 Pregúntales a tus compañeros de clase sobre sus rutinas diarias.

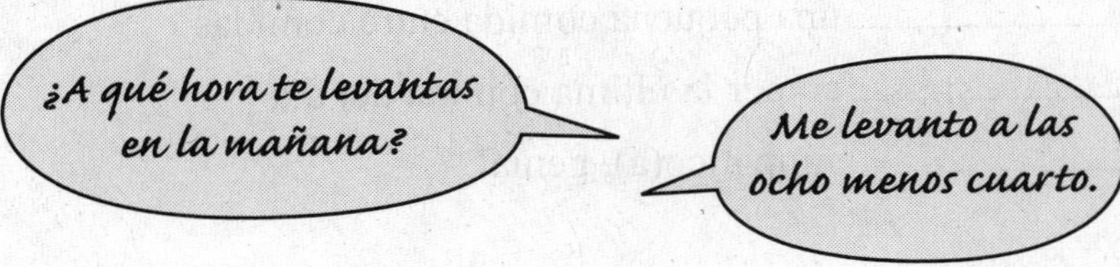

¿A qué hora te levantas en la mañana?
Me levanto a las ocho menos cuarto.

1. ¿A qué hora te vistes en una mañana típica? _______________
2. ¿Te secas el pelo con frecuencia? _______________
3. ¿A qué hora te levantas los fines de semana? _______________
4. ¿Qué ropa te pones en el verano? ¿En el invierno? _______________
5. ¿Te cepillas los dientes antes o después del desayuno? _______________
6. ¿Cuántas veces al día te lavas las manos? _______________

Nombre _______________ Clase _______________ Fecha _______________

Guía de restaurantes *Práctica de vocabulario*

***Level 3* pp. 20–24**

¡AVANZA! **Goal:** Talk about your favorite foods.

1 Escribe si las siguientes comidas son **agrio(a), dulce, picante** o **salado(a).**

1. Las papas fritas son _______________
2. La pimienta es _______________
3. La sopa de pollo es _______________
4. El helado es _______________
5. El limón es _______________
6. Las naranjas son _______________
7. El vinagre es _______________
8. Los burritos son _______________
9. Las galletas son _______________
10. La pizza es _______________

2 Escribe la palabra del **vocabulario** al lado de su definición.

desayunar	cenar	la merienda	la papa	el postre	amable	lento(a)

1. _______________ una comida dulce que normalmente se come después de la cena
2. _______________ una verdura que crece debajo de la tierra
3. _______________ comer la primera comida del día
4. _______________ el opuesto de rápido(a)
5. _______________ una pequeña comida entre comidas
6. _______________ comer la última comida del día
7. _______________ simpático(a), genial

Nombre _______________ Clase _______________ Fecha _______________

❸ Pregúntale a un(a) compañero(a) de clase sobre sus comidas favoritas. Escribe sus respuestas en la tabla.

¿Cómo se llama tu restaurante favorito?

Se llama Cielo Lindo.

Preguntas	Respuestas
¿Te gusta la comida dulce o la salada?	
Describe tu comida favorita.	
¿Prefieres el pescado o el pollo?	
¿A qué hora desayunas? ¿A qué hora cenas?	
¿Prefieres las verduras cocidas o las crudas?	

❹ Usa las palabras del **vocabulario** para crear un pequeño menú en el cual describas un plato del almuerzo y uno de la cena.

Menú	**Menú**
Para almorzar...	**Para cenar...**

Nombre ______________________ Clase ______________ Fecha ______________

Guía de restaurantes *Práctica de gramática*

***Level 3* pp. 20–24**

¡AVANZA! **Goal:** Talk about your favorite foods.

1 Usa las palabras comparativas irregulares **mejor** y **peor** para escribir comparaciones que expresen tus opiniones.

Modelo: Las papas fritas / las papas hervidas
Las papas fritas son mejores ***(o peores)*** *que las papas hervidas.*

1. El béisbol / el fútbol
____
2. El pescado / el pollo
____
3. La música clásica / la música rock
____

2 Usa la siguiente información y el adjetivo, el verbo o el sustantivo entre paréntesis para escribir comparaciones de desigualdad.

Modelo: (comer pescado) A mi padre le encanta el pescado.
A mi madre no le gusta el pescado.
Mi padre come pescado más que mi madre.

1. (correr) Jesús corre cada día. Manuel corre una vez a la semana.
____
2. (zapatos) Yo tengo diez pares de zapatos. Tú tienes trece pares de zapatos.
____
3. (altos) Los rascacielos de Nueva York son altos. Los rascacielos de Chicago son altísimos.
____
4. (picante) La comida mexicana es picante. La comida argentina no pica mucho.
____
5. (preparar pollo) Tu abuela cocina pollo frecuentemente. A veces cocina pescado.
____
6. (verduras) Elena usa muchas verduras cuando cocina. A ti no te gusta cocinar con verduras.
____

Nombre ______________________ Clase ______________ Fecha ______________

Lección preliminar | Back to School Resources

❸ Llena los espacios en blanco con las palabras apropiadas para completar las oraciones comparativas.

1. Ana no escribe tanto como Juana. Juana escribe ________ ________ Ana.
2. A nosotros dos nos gusta comer. Yo como ________ ________ tú.
3. Ustedes piden tres postres. Nosotros pedimos sólo un postre. Ustedes comen ________ postres ________ nosotros.
4. Mi padre y mi madre tienen la misma edad. Mi padre es ________ viejo ________ mi madre.
5. Ignacio lee tres libros a la semana. Tú lees tres libros a la semana. Ignacio lee ________ libros ________ tú.
6. Mi gato tiene cuatro años. Mi perro tiene cinco años. Mi perro es ________ ________ mi gato.
7. La maestra de historia habla tres idiomas. El maestro de inglés habla dos. La maestra habla ________ idiomas ________ el maestro.
8. Pablo y Terencio preparan mucha comida para la fiesta. Pablo prepara ________ comida ________ Terencio.

❹ Pregúntale a un(a) compañero(a) de clase cuáles son sus gustos y preferencias en forma comparativa.

1. ¿Te gusta el béisbol tanto como el fútbol? ______________________
2. ¿Te gusta la pizza tanto como las papas fritas? ______________________
3. ¿Comes verduras más que frutas? ______________________
4. ¿Hablas español tanto como hablas inglés? ______________________
5. ¿Estudias historia menos que estudias matemáticas? ______________________
6. ¿Qué es más importante para ti, desayunar o cenar? ______________________
7. ¿Leer un libro es tan interesante para ti como mirar la televisión? ______________________

Back to School Resources Answer Key

MIS AMIGOS Y YO

PRÁCTICA DE VOCABULARIO pp. 1–2

1

1. b
2. d
3. f
4. e
5. a
6. c

2

1. estar en línea
2. dar una caminata
3. acampar
4. pescar
5. dibujar

3 Answers will vary.
Students should remember to write their answers in the third person, since they will be writing about a classmate and not themselves.

4 Answers will vary. Possible:
La familia Saucedo **acampa** al lado de un lago. El Sr. Saucedo y Elena **pescan** en el lago. La Sra. Saucedo **toma fotos** con su **cámara digital**. Patricio lee un libro de **ciencia ficción** mientras Esteban **dibuja** la familia.

PRÁCTICA DE GRAMÁTICA pp. 3–4

1

1. gustan
2. gusta
3. gusta
4. gustan
5. gustan
6. gusta

2 Answers will vary. Possible:

1. A él le gusta estar el línea.
2. A ella le gusta pescar.
3. A ellos no les gusta acampar.
4. A ellas les gusta jugar fútbol.
5. A él le gusta tomar fotos.

3

1. gustan
2. visitamos
3. pesca
4. escribes
5. gusta
6. leo
7. comemos
8. viven

4 Answers will vary. Possible:

1. Susana y Diana comunican con los amigos por mensajero instantáneo.
2. El maestro anota la tarea de los estudiantes.
3. Yo recibo notas buenas en todas mis clases.
4. Tú lees el libro de ciencia ficción.
5. A nosotros nos gustan los actores.
6. Adán y Heide comparten la torta con nosotros.

¿QUÉ SABEN HACER?

PRÁCTICA DE VOCABULARIO pp. 5–6

1

1. b
2. d
3. c
4. e
5. a

2 Underline:

1. premios
2. el equipo
3. monta
4. contar
5. musculosas

3

1. el premio
2. meter un gol
3. musculoso
4. rápido
5. competir

4 Answers will vary.

Back to School Resources Answer Key

PRÁCTICA DE GRAMÁTICA pp. 7–10

1

1. b
2. d
3. e
4. a
5. c

2

1. Tú y yo vamos a Ecuador.
2. Nestor y Pablo van a Perú.
3. Tú vas a Paraguay.
4. Yo voy a Argentina.
5. Nosotras vamos a Uruguay.

3

1. conozco
2. pongo
3. sabe
4. sé
5. traigo
6. ven
7. hago
8. damos

4 Answers will vary.

5

1. Pienso
2. quieres
3. puedo
4. cierra
5. confieso
6. encuentro
7. pruebas
8. suelo
9. cuestan
10. Cuestan
11. prefiero
12. pides

6

Place X next to **empezar, entender, recomendar**; place ¸ next to **dormir, llover;** place ´ next to **pedir, reír, servir**.

1. llueve
2. pedimos
3. duermo
4. entienden
5. empieza
6. recomienda
7. ríes
8. sirve

7

1. a
2. c
3. b
4. b
5. c

8 Answers will vary.

¿LO CONOCES?

PRÁCTICA DE VOCABULARIO pp. 11–12

1 Answers may vary.
Under **los edificios** cross out **la parada de autobús** and **la película**, add **la tienda**. Under **el barrio** cross out **me encantaría** and **la lástima**, add **las casas**. Under **las emociones** cross out **la joyería** and **el teatro**, add **estoy emocionado**. Under **las tiendas** cross out **la parada de autobús** and **las casas**, add **la joyería**.

2

1. Les digo, ¡Qué lástima!
2. Estoy muy emocionado el día de mi cumpleaños.
3. Me encantaría conocerlo(a).
4. Me hacen reír las películas cómicas.
5. Los chubascos les dan miedo a los niños.

Back to School Resources Answer Key

❸

1. Se encuentra una parada de autobús en la esquina.
2. Voy a la zapatería *Nueva Moda* para comprar sandalias.
3. *El regalo perfecto* es una joyería.
4. Hay una librería que se llama *El Buen Libro*.
5. Voy al *Cinemundo 8* para ver una película.
6. El teatro se llama *Casa Shakespeare*.
7. Voy a la panadería *Pan Rico* para comprar tortas y panes.

PRÁCTICA DE GRAMÁTICA pp. 13–14

❶

1. b
2. a
3. b
4. a
5. b

❷

1. sé
2. sé
3. sé
4. conozco a
5. saben
6. conocer

❸

1. b
2. e
3. d
4. a
5. c

❹

1. es
2. está
3. es
4. es
5. está
6. está
7. Está
8. son
9. están
10. están

❺ Answers will vary.

MI RUTINA DIARIA

PRÁCTICA DE VOCABULARIO pp. 15–16

❶

1. e
2. c
3. a
4. f
5. d
6. b

❷ Chronology will vary. Conjugations: me acuesto, me baño, me cepillo los dientes, me despierto, me ducho, me lavo la cara, me levanto, me pongo la ropa, me seco, me visto.

❸ Answers will vary. Samples:

1. En mi casa mi tío se levanta primero.
2. No me levanto inmediatamente cuando me despierto.
3. Me acuesto a las once y media de la noche.
4. Sí, me cepillo los dientes cada mañana.
5. Prefiero ducharme por la noche.

Back to School Resources Answer Key

PRÁCTICA DE GRAMÁTICA p. 17

1. me despierto
2. me levanto
3. se duchan, me baño
4. nos cepillamos
5. me lavo

2 Answers will vary. Sample: Me despierto a las ocho. Me levanto y me lavo la cara. Me seco la cara y me cepillo los dientes. Me visto en pantalones y camiseta.

3 Answers will vary.

GUÍA DE RESTAURANTES

PRÁCTICA DE VOCABULARIO pp. 18–19

1 Answers may vary.

1. saladas
2. picante
3. salado
4. dulce
5. agrio
6. dulces
7. agrio
8. picantes
9. dulces
10. salada

2

1. el postre
2. la papa
3. desayunar
4. lento(a)
5. la merienda
6. cenar
7. amable

3 Answers will vary.

4 Answers will vary.

PRÁCTICA DE GRAMÁTICA pp. 20–21

1. El béisbol es mejor (*o peor*) que el fútbol.
2. El pescado es mejor (*o peor*) que el pollo.
3. La música clásica es mejor (*o peor*) que la música rock.

2

1. Jesús corre más que Manuel.
2. Yo tengo menos zapatos que tú.
3. Los rascacielos de Nueva York son menos altos que los de Chicago.
4. La comida mexicana es más picante que la comida argentina.
5. Tu abuela prepara pollo más que pescado.
6. Elena usa más verduras que tú.

3

1. más que
2. tanto como
3. más...que
4. tan...como
5. tantos...como
6. mayor que
7. más...que
8. tanta...como

4 Answers will vary.

Nombre ______________________ Clase ______________ Fecha ______________

Did You Get It? *Presentación de vocabulario*

Level 3 pp. 32–33

¡AVANZA! **Goal:** Learn the vocabulary you need to talk about outdoor activities and camping.

Outdoor activities and equipment

- Many outdoor and camping activities are popular among young people in Mexico and other parts of the world. Learn how to talk about these activities, the equipment you need, and what you see.

Outdoor activities

hacer una caminata *(to take a walk)*
encender *(to light (a match), to make a fire, to turn on (a flashlight))*
escalar montañas *(to climb mountains)*
hacer una excursión *(to go on an excursion or guided tour)*
navegar *(to navigate, to sail)*
navegar por rápidos *(to go white water rafting)*
remar *(to row)*
divertirse *(to enjoy, to have fun)*

Equipment and preparation

la tienda de campaña *(tent)*
la tarifa *(fare)*
el fósforo *(match)*
la fogata *(campfire)*
la estufa (de gas) *((gas)stove)*
la olla *(pot)*
el saco de dormir *(sleeping bag)*
el kayac *(kayak)*
el descuento *(discount)*
la cantimplora *(water bottle, canteen)*
el transporte público *(public transportation)*
montar *(to put up)*
llenar *(to fill up)*
conseguir *(to get, to find)*
utilizar *(to use)*
ofrecer *(to offer)*
ahorrar *(to save (money, time))*
seguir *(to follow)*
meterse en *(to go into)*
la guía *(guide)*

Wildlife

la naturaleza *(nature)*
el árbol *(tree)*
la flor *(flower)*
el pájaro *(bird)*
la mariposa *(butterfly)*
el sendero *(path)*
el bosque *(forest, woods)*
la araña *(spider)*
la serpiente *(snake)*
el río *(river)*
el agua dulce *(fresh water)*
el pez *(fish)*
al aire libre *(outdoors)*

- Here are some prepositions you will need to talk about these activities:

frente a *(facing)*
con anticipación *(in advance)*
sin *(without)*
fuera (de) *(outside (of))*
dentro *(inside, within)*
junto a *(next to)*

Now you are ready for an experience that will be **inolvidable** (*unforgettable*)!

Nombre _______________ Clase _______________ Fecha _______________

Did You Get It? *Práctica de vocabulario*

Level 3 p. 34

¡AVANZA! **Goal:** Learn the vocabulary you need to talk about outdoor activities and camping.

1 Match each picture with the word or phrase that describes it.

a.

b.

c.

d.

e.

f.

1. _____ escalar montañas
2. _____ saco de dormir
3. _____ tienda de campaña
4. _____ navegar por rápidos
5. _____ las mariposas
6. _____ la fogata

2 Which word or phrase does not belong to the group?

1. las mariposas	los pájaros	la estufa
2. las tarifas	la cantimplora	llenar
3. la tienda de campaña	los peces	el saco de dormir
4. los árboles	las flores	los fósforos

3 Choose a logical match for each verb.

1. _____ hacer	**a.** con agua la cantimplora
2. _____ encender	**b.** el transporte público
3. _____ montar	**c.** la fogata
4. _____ llenar	**d.** información sobre las tarifas
5. _____ conseguir	**e.** una excursión junto al río
6. _____ ofrecer	**f.** en el lago
7. _____ utilizar	**g.** descuentos
8. _____ remar	**h.** la tienda de campaña

4 Decide whether each sentence describes an outdoor activity (**A**), equipment (**E**), or wildlife (**W**).

1. Durante las vacaciones hicimos una caminata. A E W
2. Vimos árboles, flores, mariposas y pájaros exóticos. A E W
3. ¿Tienes la tienda de campaña? A E W
4. Llevamos una estufa, ollas y fósforos. A E W
5. Por la noche encendimos una fogata. A E W
6. Julio tiene un saco de dormir nuevo. A E W
7. Caminamos por los senderos del bosque y vimos arañas y serpientes. A E W

5 Complete each sentence with a word from the box.

cantimplora	**frente a**	**transporte público**	**arañas**
fósforos	**dentro de**	**al aire libre**	**agua dulce**

1. En una tienda de campaña abierta pueden entrar _______________ .
2. _______________ una tienda de campaña es mejor estar sin zapatos.
3. Para encender una fogata es necesario llevar _______________ .
4. Me gusta hacer actividades _______________ .
5. Decidimos montar la tienda de campaña _______________ un lago.
6. Si vas a hacer una caminata es importante que llenes de agua tu _______________ .
7. Para llegar al lugar de la excursión usamos el _______________ .
8. En los ríos de _______________ hay muchas variedades de peces.

6 Alejandro is planning a trip to Mexico. Write four sentences to describe his preparations and what he will do there. Include at least one word or expression from the box in each sentence.

con anticipación	**remar en el río**	**inolvidable**	**al aire libre**
navegar por rápidos	**conseguir**	**la naturaleza**	**senderos del bosque**
divertirse	**descuentos**	**fogata**	**tienda de campaña**
saco de dormir	**hacer una caminata**	**peces**	**escalar montañas**

1. ____
2. ____
3. ____
4. ____

Nombre ________________ Clase ________________ Fecha ________________

Did You Get It? *Presentación de gramática*

***Level 3* p. 37**

¡AVANZA! **Goal:** Review the conjugations of regular verbs in the preterite.

Review of preterite tense of regular verbs

- You have already learned that you use the preterite to talk about actions that you or others completed in the past. Read the following sentences to review this use.

Ayer **remé** en el río.
*(**I rowed** in the river yesterday.)*

Salimos para la montaña a las seis de la mañana.
*(**We left** for the mountain at six o'clock in the morning.)*

EXPLANATION: Spanish has different endings for the preterite, depending on whether the infinitive ends with **-ar**, **-er**, or **-ir**. Review and study the forms in the chart. Note that **-er** and **-ir** verbs take the same group of endings. Also note that the preterite and present of **-ar** verbs in the **nosotros** form is the same, and that the preterite and present of **-ir** verbs in the **nosotros** form is the same.

Preterite of regular verbs			
	remar	**corr**er	**part**ir
yo	**rem**é	**corr**í	**part**í
tú	**rem**aste	**corr**iste	**part**iste
usted/él/ella	**rem**ó	**corr**ió	**part**ió
nosotros(as)	**rem**amos	**corr**imos	**part**imos
vosotros(as)	**rem**asteis	**corr**isteis	**part**isteis
ustedes/ellos(as)	**rem**aron	**corr**ieron	**part**ieron

- Read the following sentences to review the preterite of verbs ending in **-car**, **-gar**, and **-zar**.

Busqué un mapa en la guía.
*(**I looked for** a map in the guide.)*

Almorcé a la una de la tarde.
*(**I ate** lunch at one o'clock in the afternoon.)*

EXPLANATION: Verbs ending in **-car**, **-gar**, and **-zar** have a spelling change in the **yo** form to keep the sound of the infinitive. All other forms are regular.

Verbs with spelling changes in the preterite yo form			
	(c → qu)	**(g → gu)**	**(z → c)**
	bus**c**ar	lle**g**ar	cru**z**ar
yo	bus**qu**é	lle**gu**é	cru**c**é
tú	bus**c**aste	lle**g**aste	cru**z**aste

Nombre ____________ Clase ____________ Fecha ____________

Did You Get It? *Práctica de gramática*

***Level 3* pp. 38–39**

¡AVANZA! **Goal:** Review the conjugations of regular verbs in the preterite.

1 Rewrite each sentence in the preterite. Follow the model.

Modelo: Hoy voy a escalar montañas. *Ayer escalé montañas.*

1. Hoy voy a desayunar en la cafetería. ____________
2. Hoy Hilda va a cantar en el festival. ____________
3. Hoy Julia y yo vamos a comprar una estufa. ____________
4. Hoy ustedes van a remar en el lago. ____________
5. Hoy voy a correr en la competencia ____________
6. Hoy Tomás y Pedro van a vender refrescos. ____________
7. Hoy vamos a beber jugo de frutas. ____________
8. Hoy usted va a encender la fogata. ____________
9. Hoy Cecilia va a escribir una carta. ____________
10. Hoy Leticia y Urbano van a repartir los dulces. ____________
11. Hoy vas a recibir una sorpresa. ____________
12. Hoy voy a salir para México. ____________

2 Write the correct preterite form of the underlined verb for each of the given subjects.

1. Nosotros <u>organizamos</u> la fiesta.
   - **a.** Ella ____________ la fiesta.
   - **b.** Ellos ____________ la fiesta.
   - **c.** Yo ____________ la fiesta.
   - **d.** Tú ____________ la fiesta.
2. Ellos <u>navegan</u> por rápidos.
   - **a.** Usted ____________ por rápidos.
   - **b.** Ulises y yo ____________ por rápidos.
   - **c.** Yo ____________ por rápidos.
   - **d.** Clara y Mario ____________ por rápidos.
3. Nilda <u>busca</u> en la guía.
   - **a.** Delia y yo ____________ en la guía.
   - **b.** Yo ____________ en la guía.
   - **c.** Zoilo y Juan Pablo ____________ en la guía.
   - **d.** Nené ____________ en la guía.

3 Answer the questions based on the model.

Modelo: ¿Pagaste con tarjeta de crédito? *Sí, pagué con tarjeta de crédito.*

1. ¿Sacaste la cantimplora de la mochila? _______________
2. ¿Utilizaste el transporte público? _______________
3. ¿Almorzaste comida típica mexicana? _______________
4. ¿Llegaste hasta el pico *(peak)* de la montaña? _______________
5. ¿Practicaste la navegación por rápidos? _______________
6. ¿Cruzaste el río en kayac? _______________
7. ¿Jugaste al fútbol con tus amigos? _______________

4 Complete each sentence in the preterite tense, using an appropriate verb from the box.

jugar	llegar	buscar	almorzar	tocar	practicar	apagar	organizar

1. El domingo me levanté temprano y enseguida (*at once*) _______________ mi bate y mi pelota.
2. Antes de salir de la casa, _______________ la luz de la cocina y de la sala.
3. Cuando _______________ al campo de juego, vi a Darío, Enrique, Sebastián, César y Miguel.
4. Ellos practicaron con los guantes y yo _______________ con el bate.
5. Durante el juego yo bateé un hit pero no _______________ la base y fui *out*.
6. Yo creo que _______________ bien, pero César y Enrique jugaron mejor.
7. Después del juego almorzamos. Todos almorzaron pizza, pero yo _______________ un sándwich.
8. Cuando regresé a casa, hice la tarea y _______________ mi mochila para el lunes.

5 Think about an outdoor activity you did recently. Write four sentences telling what you did and the equipment you used. Include at least one different verb from the box in each sentence.

sacar	llegar	buscar	tocar	pescar	comenzar
utilizar	practicar	cruzar	organizar	jugar	navegar

1. _______________
2. _______________
3. _______________
4. _______________

Nombre ______________________ Clase ______________ Fecha ______________

Did You Get It? *Presentación de gramática*

Level 3 p. 42

¡AVANZA! **Goal:** Review the forms of irregular verbs in the preterite.

Review of preterite tense of irregular verbs

- You have already learned how to form the preterite of irregular verbs. Review and study some of these verbs.

i- stem verbs		u- stem verbs		uv- stem verbs		Preterite endings	
hacer	hic-/hiz-*	**haber**	hub-	**andar**	anduv-	-e	-imos
querer	quis-	**poder**	pud-	**estar**	estuv-	-iste	-isteis
venir	vin-	**poner**	pus-	**tener**	tuv-	-o	-ieron
		saber	sup-				

* Note that the stem of **hacer** is *hiz-* for the **él/ella/usted** form only.

j- stem verbs		Preterite endings	
decir	dij-	-e	-imos
traer	traj-	-iste	-isteis
conducir	conduj-	-o	-eron

Other irregular verbs in the preterite		
ser *and* **ir**	**dar**	**ver**
fui	di	vi
fuiste	diste	viste
fue	dio	vio
fuimos	dimos	vimos
fuisteis	disteis	visteis
fueron	dieron	vieron

EXPLANATION: The verbs **ser** and **ir** have the same irregular preterite forms. Note that these two verbs are completely irregular. The verbs **dar** and **ver** have regular **-er**/**-ir** preterite endings but with no written accent marks.

Did You Get It? *Práctica de gramática*

Level 3 **pp. 43–44**

¡AVANZA! **Goal:** Review the forms of irregular verbs in the preterite.

1 Write the correct preterite form of the verb to complete the sentences.

1. El año pasado, mi familia y yo ______________ (ir) a Costa Rica y navegamos por rápidos.
2. Mi hermano Pepe escaló montañas y ______________ (ver) muchos pájaros.
3. Yo no escalé montañas, pero ______________ (hacer) una excursión muy bonita con mis padres.
4. Nosotros ______________ (andar) durante cuatro horas y vimos muchas flores y mariposas.
5. El guía nos ______________ (conducir) muy bien por los senderos del bosque.
6. También ______________ (estar) en San José, la capital, donde visitamos a mis primos.
7. Yo crecí en Estados Unidos, pero entiendo bien el español, ¡así que yo ______________ (traducir) todo lo que mi familia no entendía!
8. Mi mamá ______________ (traer) muchas fotos del viaje.

2 Tell what the following people saw and did while vacationing in Mexico. Follow the model.

Modelo: Rebeca y Roberto / estar / en la pirámide de Chichén Itza.
Rebeca y Roberto estuvieron en la pirámide de Chichén Itza.

1. Atilio / poder / practicar surf en Puerto Escondido.

____

2. Josefa y Gustavo / tener / una experiencia inolvidable en las ruinas arqueológicas.

____

3. Patricia y yo / ver / el Museo Nacional de Antropología en el Distrito Federal.

____

4. ¿Y usted, Sr. Pando, / traer / muchas fotos de Yucatán para mostrarnos?

____

5. A Fernanda y a mí / unos amigos mexicanos nos / dar / una pequeña escultura maya.

____

6. ¿Y tú / conducir / o usaste el transporte público?

____

7. Flora / decir / que ella practicó deportes acuáticos en la Bahía de Campeche.

____

Nombre ______________________ Clase ______________ Fecha ______________

UNIDAD 1 Lección 1 Reteaching and Practice

3 Write complete sentences based on the model.

Modelo: Jorge _quiso_ ir a la fiesta, pero yo _quise_ ir al concierto. (querer)

1. Maruja ______________ la película en el cine, pero yo la ______________ en video. (ver)
2. Ernesto y Sergio ______________ a la playa, pero Selena ______________ a casa de sus abuelos. (ir)
3. Nosotros ______________ en autobús, pero ellas ______________ en taxi. (venir)
4. Elena ______________ tarjetas postales de México, pero nosotros ______________ fotos. (traer)
5. Ustedes ______________ en la fiesta, pero Viviana no ______________. (estar)
6. Yo no ______________ cómo responder esa pregunta, pero tú sí ______________. (saber)
7. Carolina no ______________ la tarea, pero Armando sí la ______________. (hacer)
8. Linda ______________ ir a la excursión, pero Gabriela y yo no ______________. (poder)
9. Ramón ______________ en el viaje de ida, pero yo ______________ en el viaje de vuelta. (conducir)
10. Nosotros no ______________ cuál era la sorpresa, pero Carla y Luis lo ______________. (decir)

4 Think about the last birthday party you gave or attended. Answer the questions in complete sentences.

1. ¿Quién dio la fiesta de cumpleaños? ______________
2. ¿Dónde fue la fiesta y quiénes fueron? ______________
3. ¿Quién no pudo ir o quién no quiso ir? ______________
4. ¿Qué hubo de comer en la fiesta? ¿Y de beber? ______________
5. ¿Quién llevó discos compactos a la fiesta? ______________
6. ¿Quién bailó y quién no quiso bailar? ______________
7. ¿Quién fue acompañado y quién fue solo? ______________
8. ¿Quién se fue primero y quién estuvo hasta el final? ______________

¿Recuerdas?

Level 3 p. 36

Irregular Present Tense

- You have learned how to form the present tense of several irregular verbs. Review and study some of the more common irregular verbs that are listed in alphabetical order in the chart below.

conocer	*(to know)*	**conozco**	**conoces**	**conoce**	**conocemos**	**conocéis**	**conocen**
decir	*(to tell)*	**digo**	**dices**	**dice**	**decimos**	**decís**	**dicen**
estar	*(to be)*	**estoy**	**estás**	**está**	**estamos**	**estáis**	**están**
hacer	*(to do)*	**hago**	**haces**	**hace**	**hacemos**	**hacéis**	**hacen**
ir	*(to go)*	**voy**	**vas**	**va**	**vamos**	**vais**	**van**
poner	*(to put)*	**pongo**	**pones**	**pone**	**ponemos**	**ponéis**	**ponen**
saber	*(to know)*	**sé**	**sabes**	**sabe**	**sabemos**	**sabéis**	**saben**
tener	*(to have)*	**tengo**	**tienes**	**tiene**	**tenemos**	**tenéis**	**tienen**
traer	*(to bring)*	**traigo**	**traes**	**trae**	**traemos**	**traéis**	**traen**
venir	*(to come)*	**vengo**	**vienes**	**viene**	**venimos**	**venís**	**vienen**

Práctica

1 Answer the following questions in complete sentences.

1. ¿Vas mucho al cine? ______________________
2. ¿Traes muchos libros a la escuela? ______________________
3. ¿Dónde estás ahora? ______________________
4. ¿Haces tu tarea todos los días? ______________________
5. ¿Sabes tocar el piano? ______________________

2 Translate the following sentences into Spanish.

1. I'm coming to the baseball game on Sunday. ______________________
2. You put too much sugar in the cake. ______________________
3. Do they always tell the truth? ______________________
4. I'm 18 years old. How old are you? ______________________
5. We know your best friend. ______________________

Nombre ______________________ Clase ______________ Fecha ______________

Did You Get It? *Presentación de vocabulario*

***Level 3* pp. 58–59**

¡AVANZA! **Goal:** Learn vocabulary needed to talk about activities during a family reunion and vacation.

Family vacations, activities, places and climates

- Read the paragraphs to learn about families and how they spend time together.

Families come in different shapes and sizes. Some relatives **(parientes)** may have the same last name **(apellido)**. Others may not. Some look alike **(se parecen)**. Others not at all **(¡en absoluto!)**! Besides mothers, fathers, sisters, brothers, aunts, uncles, cousins, and grandparents, family members include the husband **(el esposo)**, and the wife **(la esposa)**, the father-in-law **(el suegro)** and the mother-in-law **(la suegra)**, the son-in-law **(el yerno)** and the daughter-in-law **(la nuera)** and, of course, grandchildren **(los nietos)**!

Families everywhere get together **(se reúnen)** to spend fun time together. Some gatherings can last for a week or more. Others are shorter, more like getaways **(escapadas)**, lasting for only a weekend or even a day! How do families spend time together? Doing many things. For example, some families like to go on a cruise **(hacer un crucero)**. From the ship they can enjoy the breeze **(la brisa)** of the ocean and can have a snack **(merendar)** on the deck **(la cubierta)**. They can dine at the port **(el puerto)** and enjoy the sunset **(la puesta del sol)**. Though it might be warm during the day, in the evening it's cool **(hace fresco)**. A cruise is a wonderful idea as long as you don't get seasick **(marearse)**!

Other families get together **(se juntan)** at the beach. While some like to lie down **(recostarse)** under an umbrella **(una sombrilla)**, others like to play beach volleyball **(voleibol playero)** on the sand **(la arena)** . Children always like to pick up shells **(recoger caracoles)**. Sometimes, it can get very hot on the beach. To take refuge **(refugiarse)** and cool down **(refrescarse)** from the stifling heat **(el calor agobiante)**, people head to the water. Some like to ride the waves on their jet skis **(motos acuáticas)**. Others prefer a canoe **(una canoa)** or a sailboat **(un velero)**. Still others take their surf boards **(tablas de surf)** and head for the waves. Surfers **(Los surfistas)** sometimes struggle to keep their balance **(mantener el equilibrio)**. Except for the surfers, everyone in the water wears a life jacket **(un chaleco salvavidas)**. Some stand **(se paran)** on the shore **(la orilla)** taking it all in.

No matter where they decide to meet, the families have to get to their destinations. Those who like to drive **(conducir)** arrive by car **(carro)**. Others come in their RVs **(casas rodantes)**. Everyone has fun!

Nombre _______________ Clase _______________ Fecha _______________

Did You Get It? *Práctica de vocabulario*

Level 3 p. 60

Goal: Learn vocabulary needed to talk about activities during a family reunion and vacation.

1 Match each picture with the word or phrase that describes it.

a.

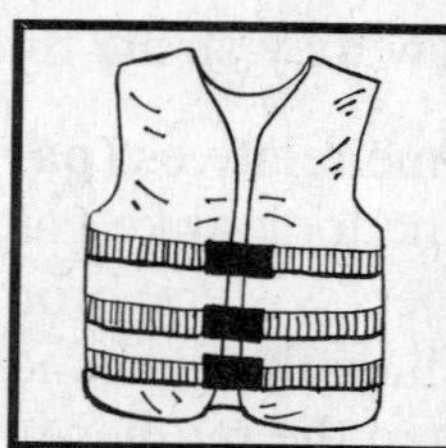
b.

c.

d.

e.

f.

g.

h.

1. ____ el voleibol playero
2. ____ la moto acuática
3. ____ la tabla de surf
4. ____ la sombrilla
5. ____ el carro
6. ____ el chaleco salvavidas
7. ____ el surfista
8. ____ la casa rodante

2 Which word or expression does not belong?

1.	la tabla de surf	los nietos	el surfista
2.	el yerno	el suegro	el velero
3.	la sombrilla	la arena	el apellido
4.	la puesta del sol	el pariente	la esposa
5.	parecerse	refrescarse	refugiarse
6.	reunirse	recostarse	juntarse

3 Match the two columns to form logical phrases.

1. ____ la puesta
2. ____ conducir
3. ____ hacer
4. ____ la cubierta
5. ____ un calor

a. del barco
b. del sol
c. el carro
d. agobiante
e. un crucero

4 Complete each sentence with a choice from the box.

hace fresco	se para	calor agobiante
canoa	apellido	puerto	marearte

1. Pérez es un _______________ muy común en España y América Latina.
2. La señora _______________ en la orilla porque no le gusta nadar.
3. Si te quedas mucho rato en la cubierta del barco, puedes _______________.
4. En el _______________ hay muchos barcos.
5. La tarde está bien para caminar porque _______________.
6. No tengo ganas de jugar. Hoy hace un _______________.
7. A Lucía le gusta más montar en _______________ que en motos acuáticas.

5 Match the columns to form logical sentences.

1. _____ El voleibol playero
2. _____ El surfista mantiene
3. _____ Daniel llegó de México
4. _____ Todos mis parientes
5. _____ Es bueno tener un carro
6. _____ Mis dos hermanos
7. _____ Dalia y Nidia son hermanas

a. se reúnen una vez al año.
b. se juega en la arena.
c. se parecen mucho a mi papá.
d. pero no se parecen en absoluto.
e. el equilibrio sobre una tabla.
f. para una escapada de fin de semana.
g. conduciendo su carro.

6 Read the paragraph. Then use these words to describe the family relationships: **los parientes, el apellido, la esposa, el yerno, el suegro, la suegra, los nietos.** Follow the model.

Alfredo y Estela son los padres de Ana Gutiérrez. Miguel Muñoz es el esposo de Ana. Carlos y Emilia son los hijos de Ana y Miguel. El tío de Miguel se llama Ernesto y sus primos se llaman Gonzalo y Catalina.

Modelo: Ana / Alfredo *Ana es la hija de Alfredo.*

1. Miguel / Alfredo y Estela _______________
2. Alfredo / Miguel _______________
3. Estela / Miguel _______________
4. Ana / Miguel _______________
5. Carlos y Emilia / Alfredo y Estela _______________
6. Ernesto, Gonzalo y Catalina / Miguel _______________
7. Gutiérrez / Alfredo y Ana _______________

Did You Get It? *Presentación de gramática*

Level 3 p. 63

¡AVANZA! **Goal:** Review the conjugations of regular and irregular verbs in the imperfect tense.

Review of Imperfect Tense

- **Regular Verbs** Read the sentence below, paying attention to the boldfaced verb.

  Siempre **pasábamos** las vacaciones en la playa.
  *(We always **spent (used to spend)** vacations at the beach.)*

EXPLANATION: The imperfect tense is used to talk about actions that were ongoing, recurring, or incomplete in the past. Use the chart below as a quick reference for the conjugation of regular verbs.

Regular Verbs in the Imperfect

	pasar	**recoger**	**conducir**
yo	pas**aba**	recog**ía**	conduc**ía**
tú	pas**abas**	recog**ías**	conduc**ías**
usted/él/ella	pas**aba**	recog**ía**	conduc**ía**
nosotros(as)	pas**ábamos**	recog**íamos**	conduc**íamos**
vosotros(as)	pas**abais**	recog**íais**	conduc**íais**
ustedes/ellos(as)	pas**aban**	recog**ían**	conduc**ían**

- **Irregular Verbs** Read the sentences below, paying attention to the boldfaced words.

  Éramos muchos para ir todos en un solo carro.
  *(**We were** too many to go in only one car.)*

EXPLANATION: Only **ir**, **ser**, and **ver** are irregular in the imperfect. Review the chart below and use it as a quick reference for all forms of the three verbs.

Irregular Verbs in the Imperfect

	ir *(to go)*	**ser** *(to be)*	**ver** *(to see)*
yo	**iba**	**era**	**veía**
tú	**ibas**	**eras**	**veías**
usted/él/ella	**iba**	**era**	**veía**
nosotros(as)	**íbamos**	**éramos**	**veíamos**
vosotros(as)	**ibais**	**erais**	**veíais**
ustedes/ellos(as)	**iban**	**eran**	**veían**

Nombre ______________________ Clase ______________ Fecha ______________

Did You Get It? *Práctica de gramática*

Level 3 pp. 64–65

¡AVANZA! **Goal:** Review the conjugations of regular and irregular verbs in the imperfect tense.

1 Answer the questions based on the model.

Modelo: ¿Tu papá conducía el carro? *Sí, mi papá conducía el carro.*

1. ¿Jugaban ustedes al voleibol playero?
____
2. ¿Te refrescabas para quitarte el calor?
____
3. ¿Hacía usted un crucero de dos horas?
____
4. ¿Conducían ellos motos acuáticas?
____
5. ¿Crees que me mareaba en la cubierta del barco?
____
6. ¿Vivías antes en México?
____

2 Rewrite each sentence in the imperfect tense. Follow the model.

Modelo: Amalia disfruta de sus vacaciones. *Amalia disfrutaba de sus vacaciones.*

1. La reunión dura varios días. ______________________
2. Nosotros viajamos en carro. ______________________
3. Otros parientes llegan en casas rodantes. ______________________
4. Yo juego al voleibol playero ______________________
5. Los abuelos se paran en la orilla. ______________________
6. Mi familia hace un crucero. ______________________
7. Mantienes bien el equilibrio en la canoa. ______________________
8. En la orilla del mar hace fresco. ______________________
9. Ana y Ángela se parecen muchísimo. ______________________
10. Esteban conduce el carro. ______________________
11. Los surfistas se divierten en el agua. ______________________
12. Siempre salimos con la puesta del sol. ______________________
13. Las dos familias se reúnen una vez al año. ______________________

Nombre _______________ Clase _______________ Fecha _______________

❸ Write the correct imperfect form of the italicized verb for each of the subjects given.

1. Nosotros *vamos* en casas rodantes.

1. Ellos _______________ en casas rodantes.

2. Ustedes _______________ en casas rodantes.

3. Nosotros _______________ en casas rodantes.

4. Ella _______________ en una casa rodante.

5. Tú _______________ en una casa rodante.

2. Usted *es* un gran surfista.

1. Nosotros _______________ grandes surfistas.

2. Germán y Andrés _______________ grandes surfistas.

3. Lola y tú _______________ grandes surfistas.

4. Felipe y yo _______________ grandes surfistas.

5. Yo _______________ un gran surfista.

3. Ellos nos *veían* desde la orilla.

1. Yo os _______________ desde la orilla.

2. Paula y Ramiro nos _______________ desde la orilla.

3. Tú los _______________ desde la orilla.

4. Carla me _______________ desde la orilla.

5. Sergio y yo te _______________ desde la orilla.

❹ Luisa just returned from a recent family gathering at the beach or ocean. Write six sentences describing her trip, using the imperfect tense. Use at least one verb from the box in each sentence.

conducir	**juntarse**	**hacer**	**ir**	**recoger**	**pararse**	**mantener**
reunirse	**ver**	**ser**	**jugar**	**recostarse**	**refrescarse**	**marearse**

1. ____

2. ____

3. ____

4. ____

5. ____

6. ____

Did You Get It? *Presentación de gramática*

¡AVANZA! **Goal:** Review the differences between the preterite and the imperfect and how they are used to narrate a situation in the past.

Review of preterite vs. imperfect

- **Preterite** Read and study the following example on the use of the preterite.

  Julio y Samuel **llegaron** en una casa rodante, pero el resto de la familia **viajó** en carro.
  (Julio and Samuel ***arrived*** *in an RV, but the rest of the family* ***traveled*** *by car.)*

EXPLANATION: The *preterite* tense is used to describe an action or series of actions completed in the past.

- **Imperfect** Read and study the following examples of the use of the imperfect tense.

  Antes **jugábamos** mucho al voleibol playero.
  (We ***used to play*** *beach volleyball very often.)*

  Eran las tres de la tarde y **hacía** un calor agobiante.
  (It ***was*** *three o'clock in the afternoon and it* ***was*** *stifling.)*

EXPLANATION: The *imperfect* is used to (1) describe ongoing actions or states of being in the past. It is always used to (2) talk about time and weather in the past.

- **Preterite vs. Imperfect** Read and study the following example of the use of both the imperfect and the preterite in the same sentence.

  Salíamos para la playa cuando **empezó** a llover.
  (We ***were leaving*** *for the beach when it* ***began*** *to rain.)*

EXPLANATION: Use the *imperfect* (**salíamos**) to tell what was going on in the background. Use the *preterite* (**empezó**) for the interrupting action or main event.

Nombre _______________ Clase _______________ Fecha _______________

Did You Get It? *Práctica de gramática*

***Level 3* pp. 69–70**

Goal: Review the differences between the preterite and the imperfect and how they are used to narrate a situation in the past.

1 Choose the correct verb to complete the sentences.

1. Cuando _______ a la playa, Camilo jugaba al voleibol con unos amigos.
   a. llegamos **b.** llegábamos **c.** lleguemos
2. Mercedes y Clara _________ caracoles cuando me vieron.
   a. recogieron **b.** recogían **c.** recogen
3. _______ un calor agobiante y decidimos recostarnos bajo una sombrilla.
   a. Hace **b.** Hizo **c.** Hacía
4. Veíamos la puesta del sol y de pronto _______ a llover.
   a. empezó **b.** empezaba **c.** empezamos
5. Los abuelos se pararon en la orilla porque el agua _______ muy fría.
   a. va a estar **b.** estaba **c.** estuvo
6. ___________ las nueve de la mañana cuando salimos en el velero.
   a. Son **b.** Eran **c.** Fueron
7. Mi hermano y yo _______ a surfear cuando mi familia vivía en Miami.
   a. aprendí **b.** aprendíamos **c.** aprendimos
8. Gustavo _________ cuando estábamos en la cubierta del barco
   a. se mareó **b.** se mareaba **c.** se marea

2 Write sentences based on the model.

Modelo: Ana / hacer la tarea / llamar (su prima)
Ana hacía la tarea cuando llamó su prima.

1. Eva / jugar en la arena / llegar (yo)
   ____
2. Tú / navegar en velero / verte (yo)
   ____
3. El juego / acabarse / empezar a llover
   ____
4. Usted / descansar bajo la sombrilla / empezar a jugar (nosotros)
   ____
5. Juanita y yo / remar / caerse de la canoa (José)
   ____

Nombre ______________________ Clase ______________ Fecha ______________

❸ Follow the model to complete the sentences.

Modelo: Mateo *conducía* cuando nosotros *llegamos* a casa de nuestros parientes. (conducir / llegar)

1. Marta ______________ aún cuando los demás ______________ . (dormir / despertarse)
2. Alicia y Sergio ______________ al voleibol, cuando sus padres los ______________ para almorzar. (jugar / llamar)
3. Cuando ______________ el sol, ______________ todos en la cubierta del barco. (ponerse / estar)
4. Cuando ______________ a la playa ______________ al hotel. (llegar (tú) / regresar (nosotros))
5. Ustedes ______________ parados en la orilla cuando Ignacio y Mina ______________ corriendo. (estar / pasar)
6. Cuando mi familia ______________ el año pasado, casi todos ______________ en la misma ciudad. (reunirse / vivir)
7. ______________ las diez de la mañana cuando ustedes ______________ a jugar. (ser / empezar)
8. No ______________ buen tiempo cuando ______________ a la playa. (hacer / llegar (nosotros))
9. Pablo no ______________ el chaleco salvavidas cuando ______________ de la moto acuática. (llevar / caerse)
10. Leticia y Mateo ______________ en el agua cuando Omar y Ester ______________ . (refrescarse / irse)

❹ Write six sentences describing what you or someone was doing when something else happened. Use the hints to help you think of preterite actions. Follow the model.

Modelo: *Yo hacía la tarea cuando me llamó José.*

1. ______________________________________ (hint: it began to snow)
2. ______________________________________ (hint: someone called)
3. ______________________________________ (hint: someone arrived)
4. ______________________________________ (hint: someone left)
5. ______________________________________ (hint: an event began)
6. ______________________________________ (hint: an event ended)

Nombre ______________________ Clase ______________ Fecha ______________

¿Recuerdas?

Level 3 p. 62

Saber and Conocer

- Study the following examples of the use of **saber** and **conocer** in the preterite tense.

Ayer **supimos** que iremos a Acapulco durante las vacaciones de verano. *(Yesterday we **learned** that we'll go to Acapulco during our summer vacation.)*

Durante las vacaciones, **conocimos** a una familia que tiene un yate muy bonito. *(During our vacation we **met** a family who owns a very beautiful yacht.)*

EXPLANATION: The verbs **saber** (*to know a fact, to know something*) and **conocer** (*to know a person, to be familiar with something or someone*) have different meanings in the preterite. **Saber** in the preterite means *to find out* or *to learn* and **conocer** means *to meet*.

Práctica

Complete each sentence with **saber** or **conocer** in the preterite. Follow the model.

Modelo: Yo nunca *conocí* a mi prima Fela.

1. Nosotros nunca ______________ por qué Fabián no fue a la excursión.
2. Yo ______________ a Félix en la escuela primaria.
3. ¿ ______________ ustedes por fin quién ganó la competencia de kayac?
4. ¿ ______________ tú a alguien nuevo durante las vacaciones?
5. Ayer Paula y yo ______________ que ustedes van a jugar al voleibol playero esta tarde.
6. ¿ ______________ usted que hicimos una fiesta para todos los profesores?
7. Mi hermana más pequeña no ______________ a nuestros abuelos.
8. Esteban me ______________ hace mucho tiempo.
9. Yo ______________ que a Ramón le regalaron una tabla de surf.
10. La semana pasada Ana y Víctor ______________ a mis padres.

Level 3 p. 70

¿Recuerdas?

Expressions of Emotions

- Read and study the following list of expressions of emotions.

estar contento(a)	*(to be happy)*
estar aburrido(a)	*(to be bored)*
estar deprimido(a)	*(to be depressed)*
estar enojado(a)	*(to be angry)*
estar nervioso(a)	*(to be nervous)*
estar tranquilo(a)	*(to be calm)*
estar cansado(a)	*(to be tired)*
estar preocupado(a)	*(to be worried)*
estar triste	*(to be sad)*

Práctica

Complete each sentence with a logical emotion for each situation.

1. Siempre estoy un poco ______________ cuando tengo examen de matemáticas.
2. Carla está muy ______________ porque sacó notas excelentes en todos los exámenes.
3. Atilio y Manuel están ______________ porque su equipo favorito perdió en la Copa Mundial.
4. ¿Ustedes no están ______________ después de jugar al voleibol todo el día?
5. El fin de semana estuvo un poco ______________ porque se rompió el televisor.
6. Rebeca está ______________ porque se perdió su mascota.
7. Creo que no debes estar tan ______________ por el resultado de la competencia. Lo más importante es participar.
8. Manuelito es un niño muy inquieto, pero hoy está ______________ porque tiene sueño.
9. La profesora está ______________ porque muchos no hicieron la tarea.

Did You Get It? Answer Key

PRÁCTICA DE VOCABULARIO

OUTDOOR ACTIVITIES AND EQUIPMENT, p. 28

❶

1. b
2. d
3. a
4. c
5. f
6. e

❷

1. la estufa
2. las tarifas
3. los peces
4. los fósforos

❸

1. e
2. c
3. h
4. a
5. d
6. g
7. b
8. f

❹

1. A
2. W
3. E
4. E
5. A
6. E
7. W

❺

1. arañas
2. Dentro de
3. fósforos
4. al aire libre
5. frente a
6. cantimplora
7. transporte público
8. agua dulce

❻ Answers will vary.

Did You Get It? Answer Key

PRÁCTICA DE GRAMÁTICA

REVIEW OF PRETERITE TENSE OF REGULAR VERBS, p. 31

❶

1. Ayer desayuné en la cafetería.
2. Ayer Hilda cantó en el festival.
3. Ayer Julia y yo compramos una estufa.
4. Ayer ustedes remaron en el lago.
5. Ayer corrí en la competencia.
6. Ayer Tomás y Pedro vendieron refrescos.
7. Ayer bebimos jugo de frutas.
8. Ayer usted encendió la fogata.
9. Ayer Cecilia escribió una carta.
10. Ayer Leticia y Urbano repartieron los dulces.
11. Ayer recibiste una sorpresa.
12. Ayer salí para México.

❷

1. **a.** organizó **b.** organizaron **c.** organicé **d.** organizaste
2. **a.** navegó **b.** navegamos **c.** navegué **d.** navegaron
3. **a.** buscamos **b.** busqué **c.** buscaron **d.** buscó

❸

1. Sí, saqué la cantimplora de la mochila.
2. Sí, utilicé el transporte público.
3. Sí, almorcé comida típica mexicana.
4. Sí, llegué hasta el pico de la montaña.
5. Sí, practiqué la navegación por rápidos.
6. Sí, crucé el río en kayac.
7. Sí, jugué al fútbol con mis amigos.

❹

1. busqué
2. apagué
3. llegué
4. practiqué
5. toqué
6. jugué
7. almorcé
8. organicé

❺ Answers will vary.

PRÁCTICA DE GRAMÁTICA

REVIEW OF PRETERITE TENSE OF IRREGULAR VERBS, p. 34

❶

1. fuimos
2. vio
3. hice
4. anduvimos
5. condujo
6. estuvimos
7. traduje
8. trajo

Did You Get It? Answer Key

2

1. Atilio pudo practicar surf en Puerto Escondido.
2. Josefa y Gustavo tuvieron una experiencia inolvidable en las ruinas arqueológicas.
3. Patricia y yo vimos el Museo Nacional de Antropología en el Distrito Federal.
4. ¿Y usted, Sr. Pando, trajo muchas fotos de Yucatán para mostrarnos?
5. Unos amigos mexicanos nos dieron a Fernanda y a mí una pequeña escultura maya.
6. ¿Y tú condujiste o usaste el transporte público?
7. Flora dijo que ella practicó deportes acuáticos en la Bahía de Campeche.

3

1. vio, vi
2. fueron, fue
3. vinimos; vinieron
4. trajo, trajimos
5. estuvieron, estuvo
6. supe, supiste
7. hizo, hizo
8. pudo, pudimos
9. condujo, conduje
10. dijimos, dijeron

4 Answers will vary.

¿RECUERDAS?

IRREGULAR PRESENT TENSE, p. 36

Práctica

1 Answers will vary.

2

1. Vengo al juego de béisbol el domingo.
2. Pones demasiado azúcar en el pastel.
3. ¿Siempre dicen la verdad?
4. Yo tengo dieciocho años. ¿Cuántos años tienes?
5. Conocemos a tu mejor amigo.

Did You Get It? Answer Key

PRÁCTICA DE VOCABULARIO

FAMILY VACATIONS, ACTIVITIES, PLACES AND CLIMATES, p. 38

❶

1. e
2. a
3. h
4. c
5. f
6. b
7. d
8. g

❷

1. los nietos
2. el velero
3. el apellido
4. la puesta del sol
5. parecerse
6. recostarse

❸

1. b
2. c
3. e
4. a
5. d

❹

1. apellido
2. se para
3. marearte
4. puerto
5. hace fresco
6. calor agobiante
7. canoa

❺

1. El voleibol playero... se juega en la arena.
2. El surfista mantiene... el equilibrio sobre una tabla.
3. Daniel llegó de México... conduciendo su carro.
4. Todos mis parientes... se reúnen una vez al año.
5. Es bueno tener un carro... para una escapada de fin de semana.
6. Mis dos hermanos... se parecen mucho a mi papá.
7. Dalia y Nidia son hermanas... pero no se parecen en absoluto.

❻

1. Miguel es el yerno de Alfredo y Estela.
2. Alfredo es el suegro de Miguel.
3. Estela es la suegra de Miguel.
4. Ana es la esposa de Miguel.
5. Carlos y Emilia son los nietos de Alfredo y Estela.
6. Ernesto, Gonzalo y Catalina son los parientes de Miguel.
7. Gutiérrez es el apellido de Alfredo y Ana.

Did You Get It? Answer Key

PRÁCTICA DE GRAMÁTICA

REVIEW OF IMPERFECT TENSE, p. 41

❶

1. Sí, jugábamos al voleibol playero.
2. Sí, me refrescaba para quitarme el calor.
3. Sí, hacía un crucero de dos horas.
4. Sí, ellos conducían motos acuáticas.
5. Sí, creo que te mareabas en la cubierta del barco.
6. Sí, vivía antes en México.

❷

1. La reunión duraba varios días.
2. Nosotros viajábamos en carro.
3. Otros parientes llegaban en casas rodantes.
4. Yo jugaba al voleibol playero.
5. Los abuelos se paraban en la orilla.
6. Mi familia hacía un crucero.
7. Mantenías bien el equilibrio en la canoa.
8. En la orilla del mar hacía fresco.
9. Ana y Ángela se parecían muchísimo.
10. Esteban conducía el carro.
11. Los surfistas se divertían en el agua.
12. Siempre salíamos con la puesta del sol.
13. Las dos familias se reunían una vez al año.

❸

1. **1.** iban **2.** iban **3.** íbamos **4.** iba **5.** ibas
2. **1.** éramos **2.** eran **3.** eran **4.** éramos **5.** era
3. **1.** veía **2.** veían **3.** veías **4.** veía **5.** veíamos

❹ Answers will vary.

REVIEW OF PRETERITE VS. IMPERFECT, p. 44

❶

1. a
2. b
3. c
4. a
5. b
6. b
7. c
8. a

Reteaching and Practice Answer Key — UNIDAD 1 Lección 2

Did You Get It? Answer Key

2

1. Eva jugaba en la arena cuando yo llegué.
2. Tú navegabas en el velero cuando yo te vi.
3. El juego se acababa cuando empezó a llover.
4. Usted descansaba bajo la sombrilla cuando empezamos a jugar.
5. Juanita y yo remábamos cuando José se cayó de la canoa.

3

1. dormía, se despertaron
2. jugaban, llamaron
3. se puso, estábamos/estaban
4. llegaste, regresábamos
5. estaban, pasaron
6. se reunió, vivíamos/vivían
7. Eran, empezaron
8. hacía, llegamos
9. llevaba, se cayó
10. se refrescaban, se fueron

4 Answers will vary.

¿RECUERDAS?
SABER AND CONOCER, p. 46

Práctica

1. supimos
2. conocí
3. Supieron
4. Conociste
5. supimos
6. Supo
7. conoció
8. conoció
9. supe
10. conocieron

¿RECUERDAS?
EXPRESSIONS OF EMOTIONS, p. 47

Práctica

Answers will vary.

Nombre ______________________ Clase ______________ Fecha ______________

Vocabulario escondido *Práctica de vocabulario*

Use the clues to fill in the boxes with the vocabulary words. Then find out which animal José and Luis saw on their camping trip.

1.

2.

3.

4.

5.

6.

7.

8.

9.

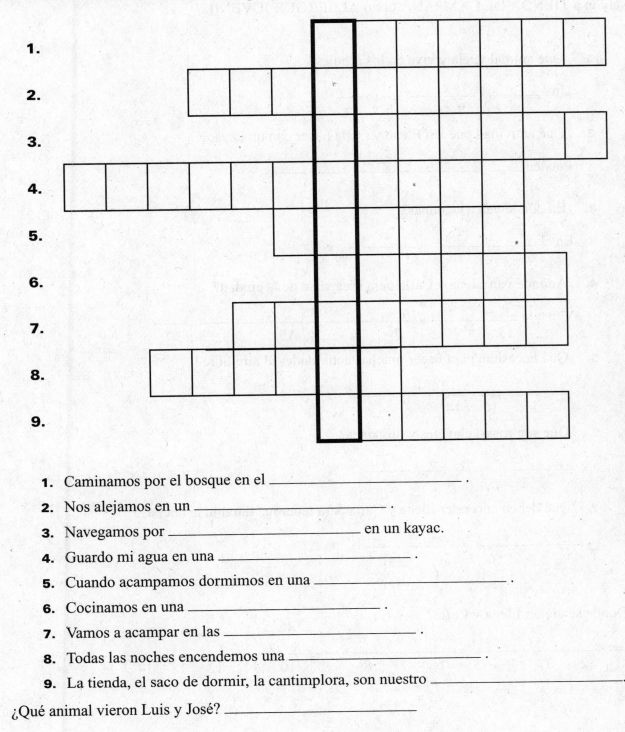

1. Caminamos por el bosque en el ______________.
2. Nos alejamos en un ______.
3. Navegamos por ______________ en un kayac.
4. Guardo mi agua en una ______________.
5. Cuando acampamos dormimos en una ______________.
6. Cocinamos en una ______________.
7. Vamos a acampar en las ______________.
8. Todas las noches encendemos una ______________.
9. La tienda, el saco de dormir, la cantimplora, son nuestro ______________.

¿Qué animal vieron Luis y José? ______________

UNIDAD 1 Lección 1 Practice Games

Nombre ______________________ Clase ______________ Fecha ______________

¡A acampar! *Vocabulario en contexto*

Elena and Carla are planning a camping trip and cannot decide where to stay. Answer the questions below and unscramble the clue letters to help them decide whether to stay in a TIENDA DE CAMPAÑA or an ALBERGUE JUVENIL.

1. ¿Qué animal vuela y vive en los árboles?

Un ___ ___ ___ ___ ___ ___
(clue numbers: 9 under the 3rd blank, 5 under the 5th blank)

2. ¿Qué actividad pueden Elena y Carla hacer con un kayac?

Pueden ___ ___ ___ ___ ___ ___ ___.
(clue numbers: 11 under the 3rd blank, 8 under the 4th blank)

3. ¿En dónde van a acampar?

En el ___ ___ ___ ___ ___ ___
(clue numbers: 3 under the 1st blank, 12 under the 6th blank)

4. ¿Adónde van Elena y Carla para escaparse de la ciudad?

Van a la ___ ___ ___ ___ ___ ___ ___ ___ ___ ___.
(clue numbers: 13 under the 1st blank, 7 under the 4th blank, 15 under the 7th blank)

5. ¿Qué necesitan para hacer muchas actividades al aire libre?

___ ___ ___ ___ ___ ___
(clue numbers: 4 under the 1st blank, 10 under the 3rd blank, 14 under the 4th blank)

6. ¿Qué son rosas, claveles y tulipanes?

___ ___ ___ ___ ___ ___
(clue number: 2 under the 2nd blank)

7. ¿Qué deben encender Elena y Carla para tener luz durante la noche?

___ ___ ___ ___ ___ ___
(clue numbers: 6 under the 3rd blank, 1 under the 6th blank)

¿Dónde se alojan Elena y Carla?

___ ___ ___ ___ ___ ___ ___ ___   ___ ___ ___ ___ ___ ___ ___
1 2 3 4 5 6 7 8   9 10 11 12 13 14 15

UNIDAD 1 Lección 1
Practice Games

Nombre ______________________ Clase ______________ Fecha ______________

El laberinto *Práctica de gramática 1*

Help Felipe find the campground. Choose the correct verb form in the preterit tense that completes each sentence. The correct answers point the way back to the campground.

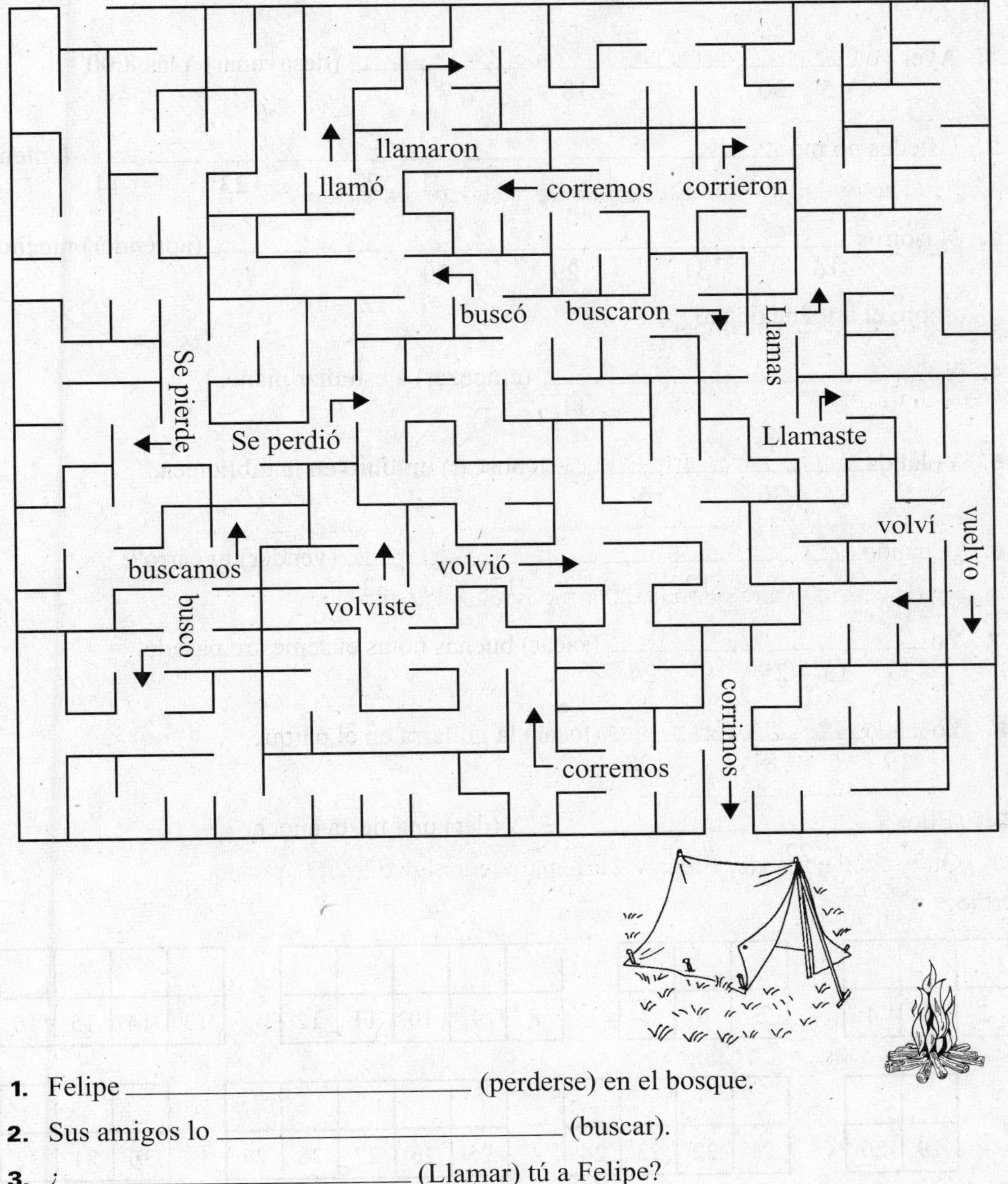

1. Felipe ______________________ (perderse) en el bosque.
2. Sus amigos lo ______________________ (buscar).
3. ¿______________________ (Llamar) tú a Felipe?
4. Por fin yo ______________________ (volver) a la tienda de campaña.
5. Nosotros ______________________ (correr) por el sendero del bosque.

UNIDAD 1 Lección 1 Practice Games

Nombre ______________________ Clase ______________ Fecha ______________

Rutina diaria *Gramática en contexto*

The following people were very busy last week. Complete the sentences about their activities with the correct form of the verbs in parentheses. Then write the corresponding letters in the numbered boxes to reveal a common Spanish proverb.

1. Ayer yo ___ ___ ___ ___ ___ ___ ___ ___ (desayunar) a las 8:00.
   (15, 30, 18, 7)

2. Ustedes no me ___ ___ ___ ___ ___ ___ ___ ___ ___ ___ ___ (entender).
   (4, 21, 27, 23, 14)

3. Nosotros ___ ___ ___ ___ ___ ___ ___ ___ ___ ___ (aprender) mucho sobre el arte mexicano.
   (16, 31, 29, 1, 10)

4. Yo ___ ___ ___ ___ ___ ___ (empezar) a estudiar piano.
   (20, 3, 11)

5. Yolanda ___ ___ ___ ___ ___ (buscar) un libro en la biblioteca.
   (26, 5)

6. ¿Cuándo ___ ___ ___ ___ ___ ___ ___ ___ (vender) tu carro?
   (12, 2, 17, 32)

7. Yo ___ ___ ___ ___ ___ (sacar) buenas notas el semestre pasado.
   (33, 13, 25, 9, 24)

8. Yo ___ ___ ___ ___ ___ (tocar) la guitarra en el parque.
   (19, 6, 8, 28)

9. ¿Ellos ___ ___ ___ ___ ___ ___ (dar) una fiesta anoche?
   (22)

Proverbio:

1	2	3	4

5	6	7

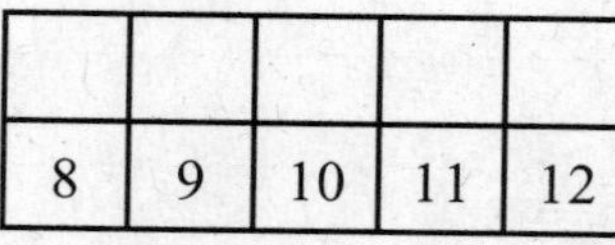

8	9	10	11	12

13	14	15	16	17

18

19	20

21	22	23	24

25	26	27	28	29

30	31	32	33

What do you think this proverb means? What proverb in English has the same meaning?

____

____

Nombre ______________________ Clase ______________ Fecha ______________

Sopa de letras *Práctica de gramática 2*

Find the hidden tongue twister! Use the clues to determine which verb forms to find in the puzzle. After you have found all of the verbs, a hidden tongue twister between the letters of the verbs will be revealed.

```
E P E P E P U T S O U S
N D P E N O R E J I D U
S O U E N A S E L P I P
S O D P J V O E L E P O
O Z O I I E M N E L U E
P I S E H S I O D E T F
L T R P I O V Z O S P E
E O P E Z P U U I S O U
N N P E O S T S O T Y U
A D Y U I P U V I N O Q
T M H K E P G W B D Y P
C O N D U J I M O S T T
```

Nosotros / conducir ______________________

Ellos / decir ______________________

Usted / ir ______________________

Juan / hacer ______________________

Yo / poder ______________________

Tú / poner ______________________

Él / saber ______________________

Tú / traer ______________________

Nosotros / tener ______________________

Ellas / ver ______________________

Rodrigo / venir ______________________

Trabalenguas: Write out the hidden tongue twister below. How fast can you say the tongue twister aloud?

____

____

____

____

______________________.

Nombre ______________________ Clase ______________ Fecha ______________

El acampamento *Todo junto*

Three friends went on a camping trip. Use the clues to determine in which tent each person slept, what color each person's sleeping bag was, what camping equipment each person brought, and what animal each person saw on the trip. Write the answers in the table and then complete the activity that follows.

	1	2	3
Nombre			
Color del saco de dormir			
Equipo			
Animal			

Pistas:

1. La persona que trajo la cantimplora durmió en la tienda de campaña número 3.
2. La persona con el saco de dormir verde vio el pájaro.
3. Luis no estuvo en la tienda número 1.
4. La persona que trajo el saco de dormir azul no trajo la cantimplora.
5. Daniel vio la mariposa.
6. Sara no trajo los fósforos.
7. Luis no se quedó en la tienda al lado de la tienda de Daniel.
8. La persona que vio la serpiente vino con el saco de dormir rojo.
9. Sara no vio la serpiente.
10. Luis trajo el saco de dormir rojo.
11. La persona que trajo los fósforos se quedó en la tienda al lado de la persona que trajo la estufa.
12. Sara se quedó en la tienda al lado de la persona que vio la mariposa.
13. Luis puso su tienda al lado de la tienda de la persona que vio el pájaro.

Now, write a brief summary in the preterite tense of what each person saw and brought on the camping trip.

Daniel: ____

Sara: ____

Luis: ____

Nombre ______________________ Clase ______________ Fecha ______________

Crucigrama *Lectura literaria*

Complete the crossword about Monterrey and its attractions.

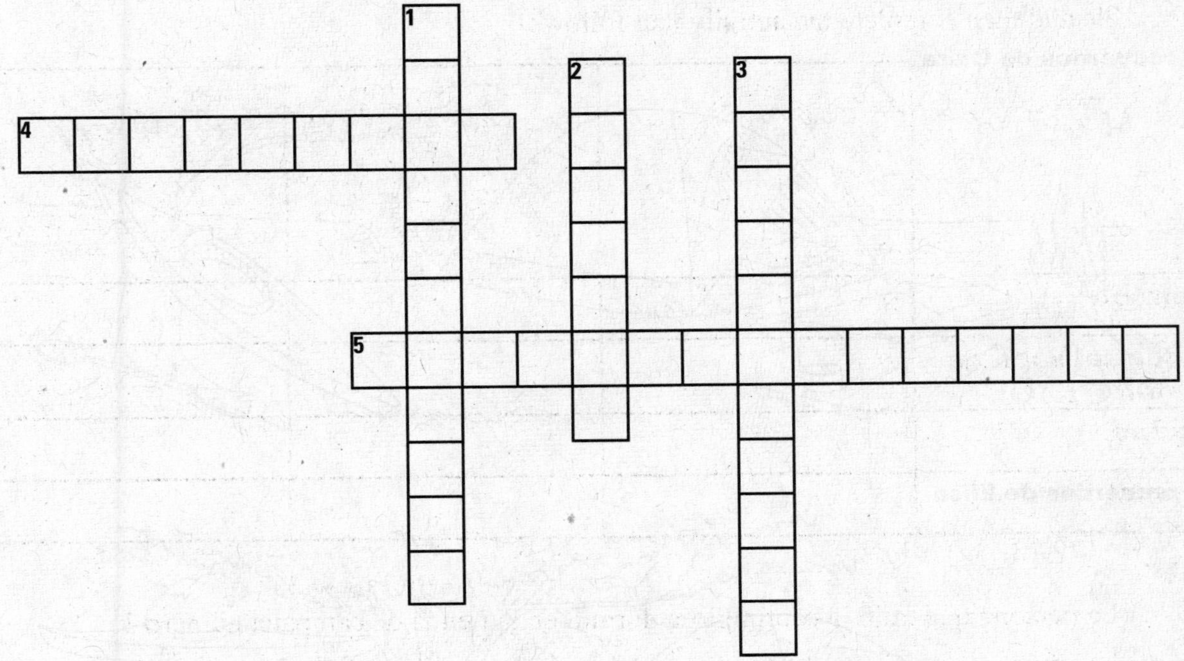

Across

4. Chipinque es un parque ______________.

5. Montas una ______________ para dormir al aire libre.

Down

1. En el parque uno puede hacer ______________.

2. La ______________ es la atracción principal de Cola de Caballo.

3. Estar ______________ es estar en la naturaleza.

UNIDAD 1 Lección 1 Practice Games

Nombre ______________________ Clase ______________ Fecha ______________

Diferencias *Repaso de la lección*

Clara and Elisa went camping, but they both remember different things about the trip. Look at the following pictures of their campsites and write what the differences in their memories were. Use the preterite tense.

Los recuerdos de Clara

Los recuerdos de Elisa

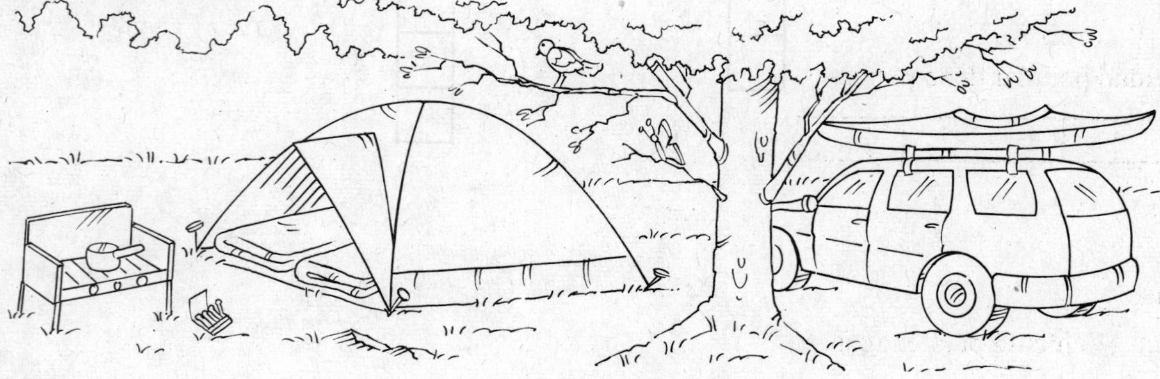

Diferencias:

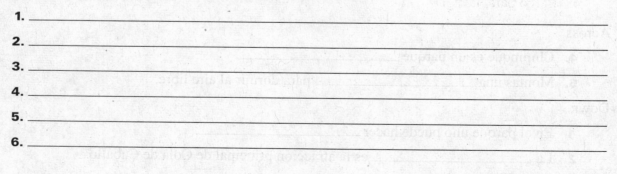

Modelo: *Elisa trajo una estufa, pero Clara encendió la fogata.*

1. ______________________________
2. ______________________________
3. ______________________________
4. ______________________________
5. ______________________________
6. ______________________________

UNIDAD 1 Lección 1

Practice Games

Nombre ______________________ Clase ______________ Fecha ______________

En la playa *Práctica de vocabulario*

Use the clues to unscramble each of the words. Then copy the letters in the numbered cells to the other cells with the same number to reveal a popular beach activity.

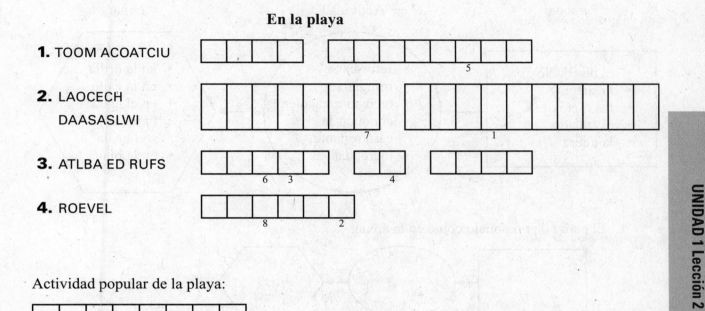

En la playa

1. TOOM ACOATCIU
2. LAOCECH DAASASLWI
3. ATLBA ED RUFS
4. ROEVEL

Actividad popular de la playa:

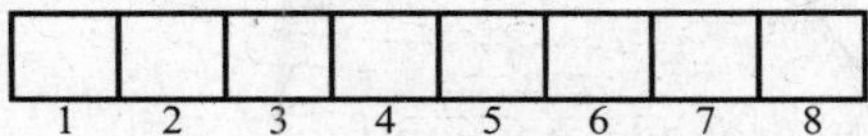

Pistas

1. Vehículo para el agua
2. Chaqueta flotante
3. Equipo para los surfistas
4. Barco para navegar

Nombre ______________________ Clase ______________ Fecha ______________

La familia *Vocabulario en contexto*

La señora Álvarez describes her family's activities at the beach. Use the definitions to determine where the members of her family do each activity. Then rewrite the sentences with the correct vocabulary words in the corresponding shapes.

Persona
Actividad
Lugar
• el bisabuelo
• la suegra
• los nietos
• el cuñado
• la nuera
• refrescarse
• refugiarse
• recoger caracoles
• conducir la casa rodante
• merendar
• en la orilla
• en la calle
• en el agua
• bajo la sombrilla
• en la playa

1. El padre de mi abuelo come en la arena.

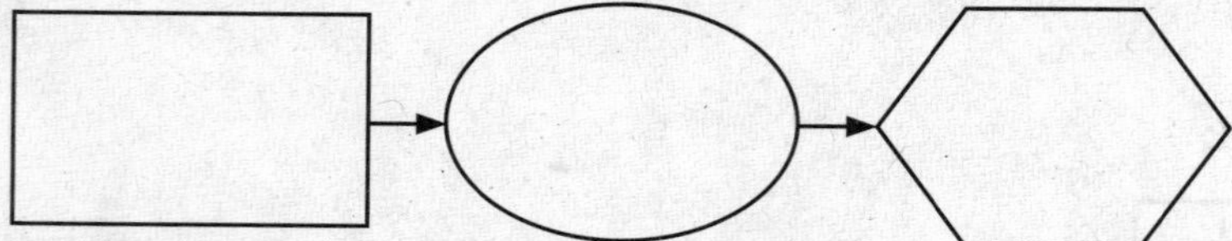

2. Los hijos de mi hijo buscan las conchas donde el agua y la arena se encuentran.

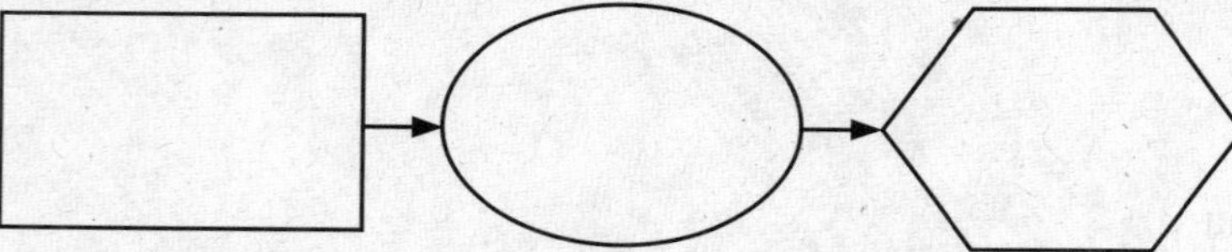

3. La esposa de mi hijo maneja el vehículo en donde dormimos en la carretera.

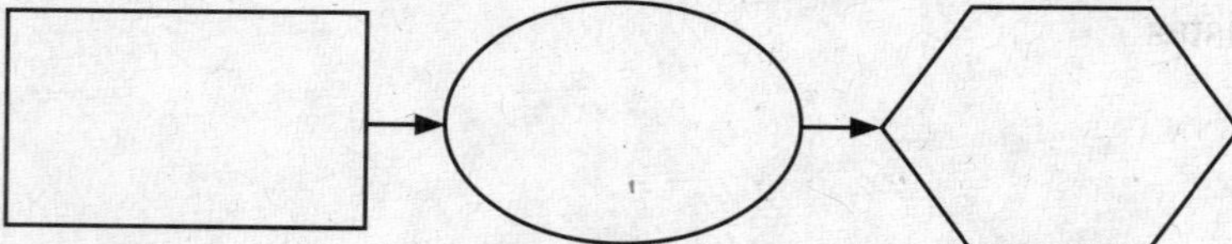

4. La madre de mi esposo se baña en el mar porque tiene calor.

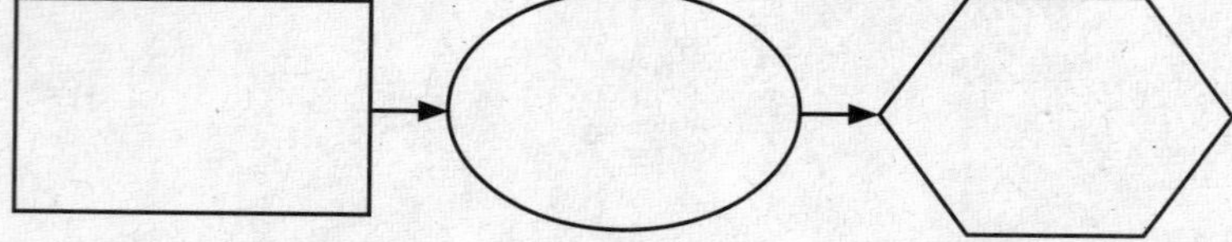

5. El hermano de mi esposo se sienta y se protege del sol debajo del quitasol.

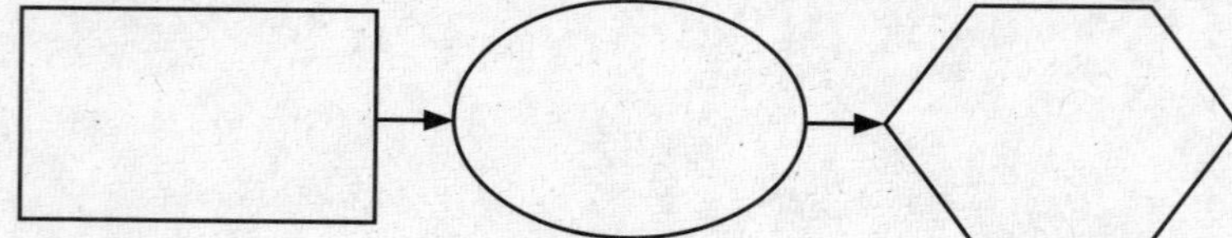

Nombre ______________________ Clase ______________ Fecha ______________

Los años pasados *Práctica de gramática 1*

1 What decade was it? Read the clues and determine which decade they describe.

1. Había una crisis de gasolina y energía.

Mucha gente se ponía zapatos de plataforma y pantalones acampanados.

La música disco era muy popular durante esta década.

¿Qué década era? ______________________

2. La música de Elvis Presley era muy popular.

Las televisiones costaban casi mil dólares.

La Unión Soviética ya tenía un programa de la exploración del espacio.

¿Qué década era? ______________________

3. La gente luchaba por los derechos civiles.

Todo el mundo estaba preocupado por la guerra en Vietnam.

Los Estados Unidos ya tenían su programa de la exploración del espacio.

Había muchos festivales de música durante los veranos y la música de los Beatles era muy popular.

¿Qué década era? ______________________

2 Now it's your turn! Write clues to describe what was happening in the following decades. Use the Internet to help you find information about the decades.

1. ______________________

____

____

Eran los años ochenta.

2. ______________________

____

____

Eran los años noventa.

3. ______________________

____

____

Eran los años cuarenta.

UNIDAD 1 Lección 2 | Practice Games

Nombre ______________________ Clase ______________________ Fecha ______________

En la sombrilla *Gramática en contexto*

Tomás has a bad memory, and he is trying to remember his family members' trip to the beach. Use the clues to determine which parasol each family member had, what their relationship to Tomás was, and what mode of beach transportation each used. Write the answers in the table and then complete the activity that follows.

	1	2	3	4
Nombre				
Relación				
Transporte				

Pistas:

1. La persona que tenía la canoa no estaba bajo la sombrilla 2.
2. Patricia era la nuera de Tomás.
3. La cuñada de Tomás no tenía una moto acuática.
4. La persona bajo sombrilla 1 tenía un carro.
5. La madrina de Tomás no estaba bajo la sombrilla 2.
6. Teresa no era la suegra de Tomás.
7. Victoria tenía la moto acuática.
8. La nuera de Tomás tenía una canoa.
9. La persona con la casa rodante no se refugiaba bajo la sombrilla 4.
10. Luisa no era la cuñada ni la madrina de Tomás.
11. Patricia no estaba bajo la sombrilla 2.

Now, write a brief summary in the imperfect tense describing the members of Tomás's family.

Victoria: ____

Patricia: ____

Luisa: ____

Teresa: ____

UNIDAD 1 Lección 2

Practice Games

Nombre ______________________ Clase ______________ Fecha ______________

Figuras *Práctica de gramática 2*

Connect the dots by forming correct sentences. Each correct sentence will reveal a different shape. Start and end your sentences at the arrow, and write out your sentence under each shape.

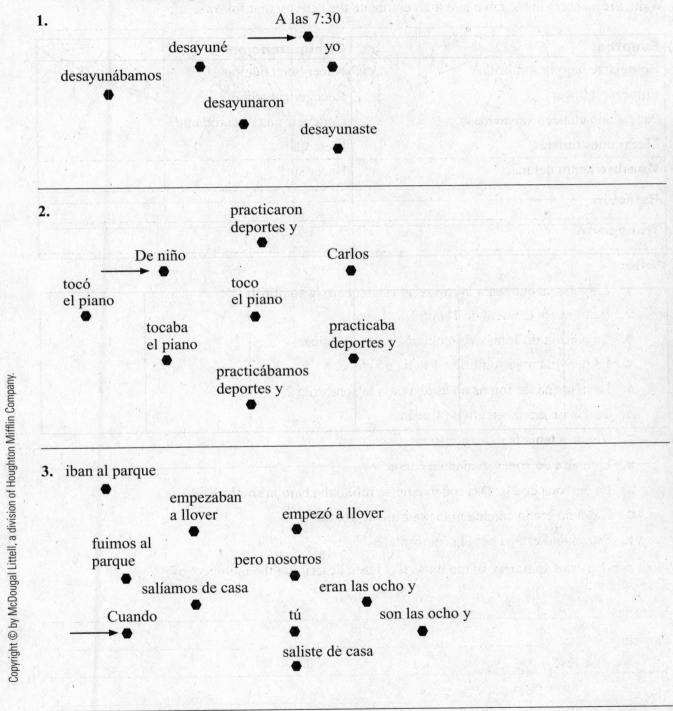

1.

A las 7:30

yo

desayuné

desayunábamos

desayunaron

desayunaste

2.

practicaron deportes y

De niño

Carlos

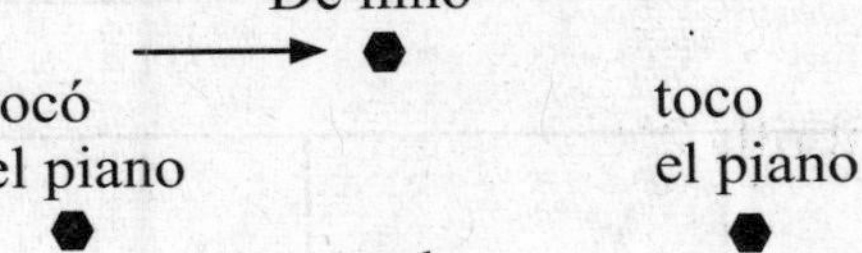

tocó el piano

toco el piano

tocaba el piano

practicaba deportes y

practicábamos deportes y

---

3. iban al parque

empezaban a llover

empezó a llover

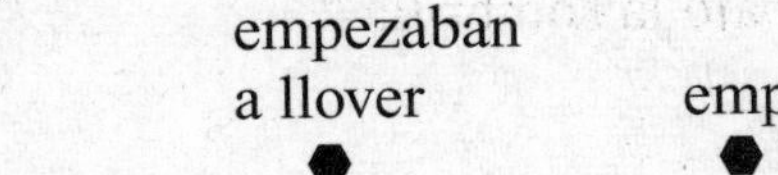

fuimos al parque

pero nosotros

salíamos de casa

eran las ocho y

Cuando

tú

son las ocho y

saliste de casa

UNIDAD 1 Lección 2 Practice Games

Nombre ______________________ Clase ______________ Fecha ______________

Las historietas *Todo junto*

Create your own comic strip. Choose from the list of events and circumstances to create and draw a comic strip. Write sentences below each panel to describe the actions. Remember to use preterite and imperfect in your descriptions.

Eventos:	**Circunstancia:**
Refugiarse bajo la sombrilla	Hacer buen tiempo
Empezar a llover	Recoger caracoles
Ponerse un chaleco salvavidas	Conducir una casa rodante
Llegar unos turistas	Merendar
Ver una criatura del mar	Hacer surf
______________________	______________________
______________________	______________________

__________ __________ __________ __________ __________ __________

Nombre ______________________ Clase ______________ Fecha ______________

Una artista extraordinaria *Lectura literaria*

Use the clues to unscramble the words about Mexican artist María Izquierdo.

1. Una **runitpa** conocido de María Izquierdo es *Mis sobrinas*.

   ____

2. Uno de los temas principales de la obra de María Izquierdo es la **imalfia**.

   ____

3. El **elcofrol** mexicano es muy importante a la obra de la artista.

   ____

4. Los acróbatas y los **alibarisen** figuran mucho en sus pinturas.

   ____

Ahora dibuja un retrato de los miembros de tu familia. ¿Por qué elegiste representar a estas personas?

Nombre ______________________ Clase ______________ Fecha ______________

Las vacaciones *Repaso de la lección*

Amalia wrote about her family vacation, but her computer scrambled her story and left all the verbs in the infinitive forms. Help Marta reconstruct the story by numbering the following lines in the correct order. Then rewrite the story below with its correct verb forms in the preterite and imperfect tenses.

____ **traer** todas mis maletas. Mi hermana y yo **estar** muy nerviosas porque no

____ salvavidas. **Haber** muchas actividades en el crucero, y ellos **tener** una piscina

____ sandalias y una camisa. Al entrar en el barco yo **ponerse** el chaleco

____ crucero **ser** un éxito!

____ Un verano mi familia y yo **hacer** un crucero. Nosotros **llegar** al puerto y yo

____ piscina. ¡Nosotros **pasar** una semana muy linda de vacaciones, y mi primer

____ grande en el barco. Yo todavía **llevar** el chaleco salvavidas cuando **saltar** a la

____ **saber** si el barco era seguro. Yo **llevar** pantalones cortos,

1. ______________________________
2. ______________________________
3. ______________________________
4. ______________________________
5. ______________________________
6. ______________________________
7. ______________________________
8. ______________________________

UNIDAD 1 Lección 2 Practice Games

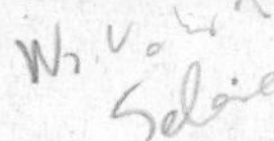

Practice Games Answer Key

PAGE 55

Práctica de vocabulario

1. sendero
2. albergue
3. rápidos
4. cantimplora
5. tienda
6. estufa
7. montañas
8. fogata
9. equipo

¿Qué animal vieron José y Luis?
SERPIENTE

PAGE 56

Vocabulario en contexto

1. pájaro
2. navegar
3. bosque
4. naturaleza
5. equipo
6. flores
7. fogata

¿Dónde se alojan Elena y Carla?
ALBERGUE JUVENIL

PAGE 57

Práctica de gramática

1. se perdió
2. buscaron
3. llamaste
4. volví
5. corrimos

PAGE 58

Gramática en contexto

1. desayuné
2. entendieron
3. aprendimos
4. empecé
5. buscó
6. vendiste
7. saqué
8. toqué
9. dieron

Proverbio:
DIME CON QUIÉN ANDAS Y TE DIRÉ QUIÉN ERES.

Practice Games Answer Key

PAGE 59

Práctica de gramática 2

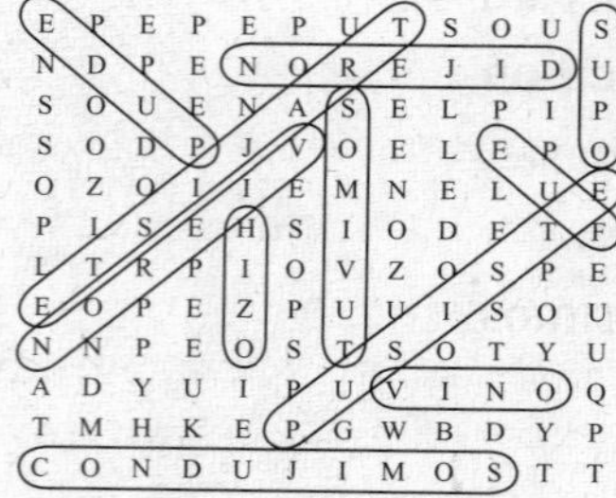

Hidden verbs: condujimos, dijeron, fue, hizo, pude, pusiste, supo, trajiste, tuvimos, vieron, vino

Tongue twister: Pepe puso un peso en el piso del pozo. En el piso del pozo Pepe puso un peso.

PAGE 60

Todo junto

Answers will vary. Possible answers:

Daniel se quedó en la tienda 1, trajo los fósforos y un saco de dormir azul. Vio una mariposa.

Sara durmió en la tienda 2, trajo la estufa y vio un pájaro. El saco de dormir de ella fue de color verde.

Luis estuvo en la tienda 3. Vio una serpiente y trajo un saco de dormir rojo y la cantimplora.

PAGE 61

Lectura literaria

Across

4. ecológico
5. tienda de campaña

Down

1. excursiones
2. cascada
3. al aire libre

PAGE 62

Repaso de la lección

1. Clara vio una mariposa en las flores, pero Elisa la vio en el árbol.
2. Elisa durmió dentro de la tienda de campaña, pero Clara durmió al lado de la fogata.
3. Elisa aparcó la camioneta al lado de la tienda.
4. Clara dejó el kayac contra el árbol pero Elisa lo dejó encima de la camioneta.
5. Elisa no encendió la fogata.
6. Elisa trajo fósforos.

Practice Games Answer Key

PAGE 63
Práctica de vocabulario

1. Moto acuático
2. Chaleco salvavidas
3. Tabla de surf
4. Velero

Actividad popular de la playa: VOLEIBOL

PAGE 64
Vocabulario en contexto

1. Mi bisabuelo merienda en la playa.
2. Mis nietos recogen caracoles en la orilla.
3. Mi yerna conduce la casa rodante en la calle.
4. Mi suegra se refresca en el agua.
5. Mi cuñado se refugia bajo la sombrilla.

PAGE 65
Práctica de gramática

1. Eran los años setenta.
2. Eran los años cincuenta.
3. Eran los años sesenta.

❷ Answers will vary. Possible answers:

1. Ronald Reagan era presidente de los Estados Unidos.

   La princesa Diana y el príncipe Carlos de Inglaterra estaban casados.

   Había muchos inmigrantes de Cuba a los Estados Unidos.
2. Era una década de muchos avances tecnológicos: el Internet, los patines en línea, DVDs.

   Los Estados Unidos tenían un superávit económico.

   Hong Kong era todavía parte de Inglaterra hasta el final de la década.
3. Había mucha investigación de la bomba atómica.

   La segunda guerra mundial definía la década.

   La música de Dizzy Gillespie y Frank Sinatra era muy popular.

PAGE 66
Gramática en contexto

Answers will vary. Possible answers:

Luisa era la suegra de Tomás y tenía un carro. Estaba bajo la sombrilla 1.

Teresa era la cuñada de Tomás y conducía una casa rodante. Tenía la sombrilla 2.

Patricia era la nuera de Tomás y su transporte era la canoa. Estaba bajo la sombrilla 3.

Victoria tenía la moto acuática y era la madrina de Tomás. Tenía la sombrilla 4.

UNIDAD 1 Lección 2 Practice Games Answer Key

Practice Games Answer Key

PAGE 67

Práctica de gramática 2

1. Yo desayuné a las 7:30.

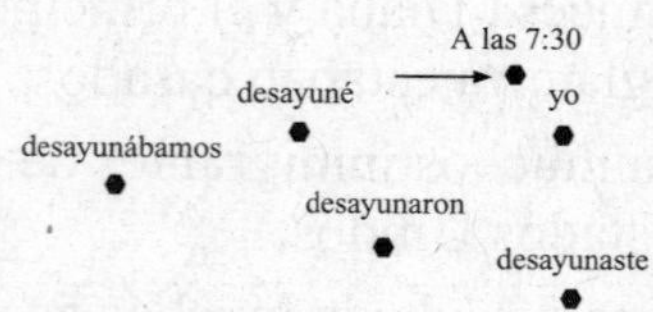

2. De niño Carlos practicaba deportes y tocaba el piano.

3. Cuando tú saliste de casa eran las ocho y empezó a llover pero fuimos al parque.

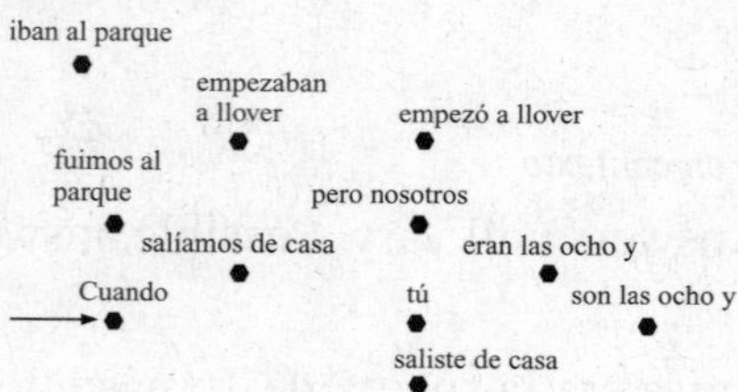

PAGE 68

Todo junto

Answers will vary. Sample answers:

1. Hacía buen tiempo cuando estábamos en la playa.
2. Los niños recogían caracoles mientras yo hacía surf.
3. El bisabuelo Juan merendaba en la playa cuando llegaron unos turistas.
4. De pronto empezó a llover y yo vi una criatura del mar.
5. Mamá se refugió bajo la sombrilla porque tenía miedo.
6. De pronto, me desperté de la siesta. ¡Era un sueño!

PAGE 69

Lectura literaria

1. pintura
2. familia
3. folclore
4. bailarines

PAGE 70

Repaso de la lección

Order of sentences: 2, 5, 4, 8, 1, 7, 6, 3

1. Un verano mi familia y yo **hicimos** un crucero. Nosotros **llegamos** al puerto y yo
2. **traje** todas mis maletas. Mi hermana y yo **estábamos** muy nerviosas porque no
3. **sabíamos** si el barco era seguro. Yo **llevaba** pantalones cortos,
4. sandalias y una camisa. Al entrar en el barco **me puse** el chaleco
5. salvavidas. **Había** muchas actividades en el crucero, y ellos **tenían** una piscina
6. grande en el barco. Yo todavía **llevaba** el chaleco salvavidas cuando **salté** a la
7. piscina ¡Nosotros **pasamos** una semana muy linda de vacaciones, y mi primer
8. crucero **fue** un éxito!

Nombre ______________________ Clase ______________ Fecha ______________

Video Activities *El gran desafío*

PRE-VIEWING ACTIVITY

Imagine that you have been dropped in an isolated national park for two days. Write a short paragraph describing what items you would need. Where would you sleep? What would you do to stay busy? Would you enjoy the two days? Why or why not?

____

____

____

____

____

____

VIEWING ACTIVITY

Before watching the video read the list of items below. Then watch the video. Place a checkmark (✓) next to the items that the participants observe or mention that they might observe in the park.

_______ **1.** los pájaros

_______ **2.** las mariposas

_______ **3.** un río

_______ **4.** unas flores

_______ **5.** unos árboles

_______ **6.** el aire libre

_______ **7.** el bosque

_______ **8.** la orilla

_______ **9.** las arañas

_______ **10.** los micrófonos

_______ **11.** las serpientes

_______ **12.** una sombrilla

Video Activities *El gran desafío*

POST-VIEWING ACTIVITY

Complete each person's statements with the correct word from **El Gran desafío.**

al aire libre	**tiendas de campaña**	**conseguir**	**pájaros**	**observar**	**tabla de surf**

1. **Profesor Dávila:** Tienen que ______________________ por un minuto la naturaleza.
2. **Luis:** A nuestro alrededor observé muchos ______________________, mariposas y árboles.
3. **Profesor Dávila:** ¿Les gusta estar ______________________, fuera de la ciudad?
4. **Marco:** ¡Yo prefiero la playa! La brisa, pararme en mi ______________________, llegar hasta la orilla del mar y ver la puesta del sol debajo de una sombrilla.
5. **Marco:** ¿Cuántas ______________________ tenemos que montar?
6. **Ana:** Marco, ven aquí. Tenemos que ______________________ las partes de una sola tienda.

Based on the statements above, which character in **El Gran desafío** likes to joke around? Write a sentence stating who you think it is and why.

____

____

____

Video Activities Answer Key

EL GRAN DESAFÍO, UNIT 1 pp. 75–76

PRE-VIEWING ACTIVITY

Answers will vary. Possible answer: I would need a tent, cans of food and water, matches to light a fire, and a fishing pole. I would sleep in a tent. I would spend my day looking for firewood, fishing for dinner, and hiking in the fresh air. I would enjoy the two days because I don't like the city. I prefer looking at nature and breathing fresh air.

VIEWING ACTIVITY

1. los pájaros:
2. las mariposas:
3. un río
4. unas flores
5. unos árboles:
6. el aire libre:
7. el bosque:
8. la orilla
9. las arañas:
10. los micrófonos
11. las serpientes:
12. una sombrilla

POST-VIEWING ACTIVITY

1. observar
2. pájaros
3. al aire libre
4. tabla de surf
5. tiendas de campaña
6. conseguir

Answers will vary. Possible answer: I think Marco likes to joke around because he jumped on top of the cooler and pretended to surf when all the other characters were very serious about the competition.

Video Scripts

EL GRAN DESAFÍO

Profesor Dávila: Jóvenes, ¡vamos!

Profesor Dávila: Atención, jóvenes. Bienvenidos al Parque La Marquesa. Para empezar quiero conocer su opinión sobre este parque. Tienen que observar por un minuto la naturaleza y luego decirme lo que piensan.

Profesor Dávila: Muy bien. Gracias por darnos tu opinión, Marco. ¿Alguien más quiere decir algo? Él levantó la mano primero. ¿Cuál es tu opinión, Luis?

Luis: Profesor, esto fue lo que observé. A nuestro alrededor observé muchos pájaros, mariposas y árboles diferentes. Anoté en mi cuaderno algunos, como por ejemplo el…

Profesor Dávila: Espera, espera un momento Luis. ¿Clasificaste los árboles? No, no, no se rían. Buen trabajo, Luis. Pero yo estaba más interesado en saber otras cosas, como por ejemplo, ¿les gusta estar al aire libre, fuera de la ciudad, sin coches? Eso es todo.

Marco: Profe, yo opino que el parque y el bosque, con sus arañas y serpientes, están muy chévere. Pero yo prefiero la playa, la brisa, pararme en mi tabla de surf, llegar hasta la orilla del mar y ver la puesta del sol debajo de una sombrilla.

Profesor Dávila: A ver, amigo Marco, no quiero que te metas al agua sin protección. Usa este chaleco salvavidas aquí, en el parque. No quieres perder tus puntos, ¿verdad?

José: ¡Uyyy! ¡Allí tienes! ¡Surfista!

Profesor Dávila: Muy bien, ¿ven esas partes que están allí? Cada equipo debe conseguir las partes necesarias para montar una tienda de campaña. El equipo más rápido gana el desafío. ¿Alguien tiene alguna pregunta?

Profesor Dávila: Bueno, ahora tienen que juntarse en equipos. Les doy un minuto y luego pueden comenzar. ¿Listos? ¡Vamos!

Marco: ¡Oye, José! ¿Cuántas tiendas de campaña tenemos que montar?

José: Marco, ¿por qué no vas a merendar o mejor aún, te vas a surfear, y nosotros montamos las tiendas de campaña?

Ana: Marco, ven aquí, junto a mí. Tenemos que conseguir las partes de una sola tienda de campaña y luego montarla en nuestro lugar.

Ana: Luis, María, ¡felicitaciones! Lo hicieron muy bien. Párense frente a la tienda de campaña para tomarles una foto, ¿sí?

María: Sí, claro Ana. Gracias. Luis, ven.

Ana: Uno, dos, tres.

Luis: Bueno, profesor. María y yo terminábamos de montar la tienda de campaña, y Ana nos tomaba una foto, cuando ¡Pufff! No sabemos qué pasó. Creo que fue la brisa.

Profesor Dávila: Lo siento, Luis.

Profesor Dávila: Bueno jóvenes, ésta fue una experiencia divertida. ¿No creen?

Marco: Sí, profesor, estuvo muy divertido todo. Pero ya no necesito el chaleco salvavidas, ¿no? ¿Puedo recostarme ahora?

Profesor Dávila: En absoluto, Marco. Muy bien, y los ganadores de este desafío son José y Carmen. ¡Felicitaciones! Hicieron muy buen trabajo. Ya tienen su primer punto.

Audio Scripts

PRELIMINARY LESSON
TEXTBOOK SCRIPTS
TXT CD 1

MIS AMIGOS Y YO
Level 3 Textbook pp. 2-3
TXT CD 1, Track 1

Mis amigos y yo

A. Lucía es una chica que tiene un blog. Éste se llama *El mundo de Lucía*.

El mundo de Lucía

7 de septiembre

Estoy en una clase avanzada de ciencias y me gusta mucho. Pero mañana vamos a hacer una excursión de dos días al campo y ¡no quiero ir!

10 de septiembre

¡Tengo una nueva cámara digital! Me gusta mucho tomar fotos. Aquí hay algunas fotos de la excursión.

Yo

¿Quién soy? Mi nombre es Lucía. Tengo diecisiete años y soy estudiante. No tengo muchos amigos pero sí tengo dos o tres muy buenos.

Me gusta la música tecno y me encantan los libros de ciencia ficción. Mi actor favorito es Orlando Bloom.

No me gusta hacer la tarea. Tampoco me gusta hacer cola, ni en la cafetería, ni en el cine, ni en ninguna parte.

Prefiero estar en casa, navegar por Internet, estar en línea, escribir...

B. Y aquí continúa el blog de Lucía.

Mis amigos

José Antonio, conocido como "Gato". A él también le gusta crear páginas web. ¿Qué más? Le gusta dibujar, ir al cine, escuchar música, salir con amigos y hablar por teléfono. Su actriz favorita es Michelle Rodríguez. Ella tiene ojos negros y bonitos como Orlando Bloom.

Alma, inteligente y guapa. Le encanta el arte. Le gusta visitar los museos de arte y leer libros de arte. También le encanta ir de compras. ¡Regatea muy bien! Su actor favorito: Gael García Bernal.

Enviar comentarios.

¡A RESPONDER!
Level 3 Textbook p. 3
TXT CD 1, Track 2

Vas a escuchar una serie de oraciones. Para cada una, indica la persona a quien se refiere. Si se refiere a Lucía, levanta la mano derecha. Si se refiere a José Antonio, levanta la mano izquierda. Si se refiere a Alma, levanta las dos manos.

1. Le gusta ir de compras.
2. Le gusta el mensajero instantáneo.
3. Le encantan los libros de ciencia ficción.
4. Le gusta la música tecno.
5. Le encanta el arte.
6. No le gusta hacer cola.
7. Le gusta dibujar.
8. No le gusta hacer la tarea.

PRONUNCIACIÓN
Level 3 Textbook p. 5
TXT CD 1, Track 3

Las letras *b* y *v*

Las letras **b** y **v** generalmente tienen la misma pronunciación. Como letra inicial o antes o después de una consonante, se pronuncian las dos como el sonido *b* de la palabra *boy* en inglés. Entre vocales, la **b** y la **v** tienen un sonido más suave como la *b* de la palabra *able* en inglés.

barrio

sabroso

visitar

avanza

Trabalenguas

Pablito clavó un clavito.

¿Qué clavito clavó Pablito?

¿QUÉ SABEN HACER?
Level 3 Textbook pp. 6-7
TXT CD 1, Track 4

A. Juanes

Este joven delgado, con pelo largo, toca la guitarra muy bien. Se llama Juanes y es de Colombia. Juanes también canta y escribe canciones. Con muchos premios y éxitos (*hits*), este carismático artista tiene un futuro musical brillante.

B. Beatriz Ferrer-Salat

Beatriz Ferrer-Salat es la mejor amazona (*horsewoman*) de España. Compite internacionalmente y gana premios. Tiene doce caballos pero compite normalmente con Beauvalais, un caballo rápido y musculoso. Beatriz monta a caballo y también va al gimnasio para hacer ejercicio todos los días.

C. Alberto Medina

Alberto Medina es un jugador de fútbol de México. Es joven pero ya juega profesionalmente para el equipo Guadalajara y la selección nacional. Medina es muy rápido, sabe correr y ¡mete muchos goles!

D. María Amparo Escandón

María Amparo Escandón es una escritora y profesora de California. Ella sabe contar muy bien las experiencias de los mexicoamericanos. Es bilingüe: escribe novelas y guiones de películas en inglés y en español.

¡A RESPONDER!
Level 3 Textbook p. 7
TXT CD 1, Track 5

Escucha cada oración. Si es cierta, indícalo con el pulgar hacia arriba (*thumbs up*). Si es falsa, indícalo con el pulgar hacia abajo (*thumbs down*).

1. Juanes sabe tocar la guitarra.
2. Juanes mete muchos goles.
3. Beatriz Ferrer-Salat sabe contar cuentos.
4. Beatriz Ferrer-Salat hace ejercicio en un gimnasio.
5. Alberto Medina sabe jugar en equipo.
6. Alberto Medina monta a caballo todos los días.
7. María Amparo Escandón es mexicoamericana.
8. María Amparo Escandón sabe escribir bien.

¿LO CONOCES?
Level 3 Textbook pp. 12-13
TXT CD 1, Track 6

A. Cecilia y Julia son dos amigas que viven en Tampa, Florida. En estos momentos están conversando en un café.

B. **Cecilia:** Julia, estoy muy emocionada. Mi familia y yo vamos a México. ¿Conoces México?

Julia: Sí. Allí viven mis tíos. Me encanta esa ciudad: los museos, teatros, restaurantes, tiendas, joyerías...

Cecilia: Es grande y moderno, ¿verdad?

Julia: Sí, es muy grande. Y también muy moderno. Aquí traigo algunas fotos de mi querido México. Deseo enseñártelas. Mira: hay muchos rascacielos. La Torre Mayor es el edificio más alto de Latinoamérica.

C. **Cecilia:** Tengo que verlo.

Julia: También tienes que ir a Sanborns.

Cecilia: No lo conozco. ¿Qué es?

Julia: Son almacenes que tienen librería, farmacia y restaurante. El más famoso está en la Casa de los Azulejos, en la calle de Madero.

Cecilia: Está bien. También quiero visitar el barrio de Coyoacán. Sabes, allí está la Casa Azul, de Frida Kahlo. Sabes quién es, ¿verdad?

Julia: Sí conozco muy bien algunas de sus pinturas. Frida Kahlo es mi artista favorita. ¡Qué vida! Tengo un libro sobre su vida que me hace llorar.

D. Cecilia y Julia salen del café y caminan porque van a tomar el autobús para ir al cine.

Audio Scripts

Cecilia: Mira, Julia. Ahí está Nicolás en la parada de autobús. Hola, Nico. ¿Qué tal? ¿Conoces a Julia?

Nicolás: No. Mucho gusto, Julia. ¿Adónde van?

Julia: Vamos al cine a ver una película de Robert Rodríguez. ¿Sabes quién es?

Nicolás: Sí. Es el joven director mexicoamericano. Conozco sus películas muy bien; algunas me hacen reír mucho.

E. **Cecilia:** Pues, nosotras vamos a ver su última película; varias personas me dijeron que les dio miedo. ¿Quieres venir con nosotras?

Nicolás: Me encantaría, pero no puedo. Busco un libro que es un poco difícil de conseguir.

Cecilia: ¡Qué lástima!

Nicolás: ¿Conocen una buena librería?

Julia: Sí, hay una en la calle North Tampa, cerca de la zapatería. Se llama Old Tampa Book Company.

¡A RESPONDER!

Level 3 Textbook p. 13

TXT CD 1, Track 7

Vas a escuchar una serie de oraciones. Para cada una, indica la persona a quien se refiere. Si se refiere a Cecilia, levanta la mano derecha. Si se refiere a Julia, levanta la mano izquierda. Si se refiere a Nicolás, levanta las dos manos.

1. Conoce México.
2. No conoce Sanborns.
3. No conoce a Julia.
4. Conoce una buena librería.
5. Quiere conocer la Casa Azul de Frida Kahlo.
6. Conoce a Julia y a Nicolás.
7. Sabe que la Torre Mayor es el edificio más alto de Latinoamérica.

MI RUTINA DIARIA

Level 3 Textbook pp. 16-17

TXT CD 1, Track 8

A. Mi vida es ocupada, trabajo mucho, no tengo mucho tiempo libre, pero... ¡me encanta mi vida! Me llamo Jimena y soy una persona muy activa. La escuela y los deportes son muy importantes para mí. Saco buenas notas. Corro, hago ejercicio y juego al tenis. También toco el piano y me gusta ayudar en el club de teatro.

B. Mi día empieza temprano. Me despierto a las seis de la mañana. Escucho la radio por quince minutos y luego me levanto.

C. Me lavo la cara y las manos, me cepillo los dientes, me visto y voy a la escuela. Después de la escuela, comparto con mis compañeros y hago la tarea.

D. Luego practico el piano, juego al tenis o voy al club de teatro. ¡A veces hago las tres cosas!

E. Ceno en casa y hago más tarea. Cuando termino, escucho música. Luego me ducho (o me baño), me seco, me pongo la ropa de dormir y me acuesto alrededor de las diez y media.

F. Muchas veces no tengo tiempo para pasar un rato con mis amigos. Y muchas veces estoy muy cansada. Pero me gusta mi vida ocupada.

¡A RESPONDER!

Level 3 Textbook p. 17

TXT CD 1, Track 9

Escucha cada oración. Si es cierta, indícalo con el pulgar hacia arriba. Si es falsa, indícalo con el pulgar hacia abajo.

1. Jimena se despierta y luego escucha la radio.
2. Jimena se lava la cara, se viste y luego va a la escuela.
3. Jimena se lava la cara después de cepillarse los dientes.
4. Jimena juega al tenis después de la escuela.
5. Jimena se ducha (o se baña) antes de hacer la tarea.
6. Jimena se seca después de ducharse o bañarse.
7. Jimena se acuesta alrededor de las diez y media.

ACTIVIDAD 16 – HÁBITOS

Level 3 Textbook p. 18

TXT CD 1, Track 10

Escucha la narración de Ramón sobre los hábitos diarios de él y de sus dos hermanos, Laura y Carlos. Luego contesta las preguntas sobre esta narración de Ramón.

Hola, me llamo Ramón y soy estudiante. Tengo dos hermanos: Laura y Carlos. Nuestros hábitos son un poco diferentes. Por ejemplo, Laura se levanta a las cinco de la mañana. Siempre se baña por la mañana. Carlos se levanta más tarde --a las 7 de la mañana-- y se ducha por la noche. Yo me levanto a las seis, más o menos. Yo me ducho por la tarde. Laura se acuesta primero, luego yo y finalmente Carlos, que se acuesta a las diez de la noche.

GUÍA DE RESTAURANTES

Level 3 Textbook pp. 20-21

TXT CD 1, Track 11

Señor Burrito

Comida rápida y barata. Un buen lugar para desayunar. Los huevos fritos con tortillas de maíz son deliciosos. Este plato no es tan picante como los burritos pero es más sabroso.

El Chalet

Un restaurante romántico y elegante. Tiene su propia panadería. Los camareros son lentos pero amables. Es imposible cenar aquí y no probar los ricos postres del chef Hilderbrand.

El Jardín

Restaurante con una decoración de buen gusto y un menú excelente. La sopa de verduras, el pollo al ajo y el pescado en salsa agria son algunas de las especialidades.

Café Tropical

Excelente café para comer la merienda. El ceviche —pescado que es cocido solamente con limón— compite con los mejores ceviches de Perú. También hay que probar los famosos tostones (plátanos hervidos y luego fritos), que ya salen con sal de la cocina.

La Casa de Leyla

Este restaurante popular tiene un nuevo chef. ¡Qué lástima! Las sopas ahora son más saladas y los jugos más dulces que antes. Las papas a veces salen un poco crudas. Pero los precios son tan buenos como antes.

Pollos Campo

Hay pocos restaurantes que preparan un pollo asado más sabroso que aquí. Este pollo tiene más pimienta que otros y la carne está cocida perfectamente. A los adultos les encanta tanto como a los niños.

¡A RESPONDER!

Level 3 Textbook p. 21

TXT CD 1, Track 12

Escucha cada oración. Si es cierta, indícalo con el pulgar hacia arriba. Si es falsa, indícalo con el pulgar hacia abajo.

1. El restaurante Señor Burrito sirve la comida más rápido que El Chalet.
2. El pollo en La Casa de Leyla es tan sabroso como en Pollos Campo.
3. El chef de El Jardín es mejor que el chef de La Casa de Leyla.
4. El Chalet es menos romántico que Señor Burrito.
5. Las sopas de La Casa de Leyla son menos saladas que las sopas de El Jardín.
6. El ceviche de Café Tropical es tan bueno como el ceviche de Perú.

Audio Scripts

ACTIVIDAD 19 - ARTURO Y MARIANA

Level 3 Textbook p. 22

TXT CD 1, Track 13

Escucha unas comparaciones entre Arturo y Mariana. Para cada una, di si es cierta o falsa, según los dibujos.

1. Arturo es mayor que Mariana.
2. Arturo come más que Mariana.
3. El plato de Arturo es menos grande que el plato de Mariana.
4. Arturo pone menos sal que Mariana.
5. Arturo come más rápido que Mariana.
6. A Arturo le gusta el pollo asado más que a Mariana.

REPASO DE LA LECCIÓN: ACTIVIDAD 1 - LISTEN AND MATCH DESCRIPTIONS

Level 3 Textbook p. 26

TXT CD 1, Track 14

Escucha las siguientes descripciones. Escribe el número de la descripción al lado de la foto que corresponde.

1. Jorge es una persona seria. No le gusta mucho salir con amigos. Le encanta estar en línea y leer su correo electrónico.
2. A Marcos no le gusta hacer ejercicio solo. Le gusta más jugar en equipo. No le importa qué deporte. Lo que le interesa a Marcos es estar con amigos.
3. A Paula le gusta competir y le encanta ganar. Tiene un caballo rápido y musculoso entonces gana muchos premios.
4. A David le gusta mucho acampar y dar caminatas. Le encantan los animales y no le gusta ir a pescar.

ASSESSMENT SCRIPTS TEST CD 1

PRELIMINARY LESSON TEST ESCUCHAR: ACTIVIDAD A

Modified Assessment Book p. 1

On-level Assessment Book p. 7

Pre-AP Assessment Book p. 1

TEST CD 1, Track 1

Escucha el siguiente audio. Luego, completa la actividad A.

Martín: ¡Hola! Mi nombre es Martín. Tengo 17 años y soy estudiante del grado 12. En unos meses voy a terminar la escuela y estoy un poco nervioso, porque todavía no sé a qué universidad voy a ir. Tengo muchos amigos porque estoy en un equipo de básquetbol y en el club de fotografía. Mis mejores amigos son Carlos, Asael y Mari Carmen. Me gusta salir con ellos a bailar. También me gusta tomar fotos y hacer deportes. No me gustan las matemáticas, pero me encanta la clase de español y la de ciencias. Mari Carmen dice que mis fotos son muy buenas. Sus fotos favoritas son las que tomé en un viaje estudiantil que hice a Washington.

ESCUCHAR, ACTIVIDAD B

Modified Assessment Book p. 1

On-level Assessment Book p. 7

Pre-AP Assessment Book p. 1

TEST CD 1, Track 2

Escucha el siguiente audio. Luego, completa la actividad B.

Rosario: Me llamo Rosario y les voy a hablar sobre mi visita a Oak Park, cerca de Chicago. Ahí fui a visitar a mis tíos. Oak Park es una ciudad pequeña y muy bonita. Tiene muchos árboles grandes y viejos. Las casas también son antiguas y tienen jardines muy bellos. Ernest Hemingway, el famoso escritor de *El viejo y el mar,* es de Oak Park. La que era su casa es ahora un museo. En el centro de Oak Park hay restaurantes de comida internacional, tiendas de ropa, librerías y panaderías. Lo que más me gusta es su biblioteca, porque tiene unas ventanas muy grandes para ver el parque. En Oak Park también estuvo Frank Lloyd Wright, el famoso arquitecto. Muchas de las casas en esta ciudad las construyó él. ¡Son maravillosas!

HABLAR

Pre-AP Assessment Book p. 5

TEST CD 1, Track 3

Escucha la conversación entre dos jóvenes sobre su rutina diaria. Toma apuntes.

FUENTE 2

TEST CD 1, Track 4

Rina: Hola, Diego. ¿Qué tal estás?

Diego: Pues yo bien, esta tarde tengo que jugar al béisbol.

Rina: Yo también estoy un poco ocupada. Esta noche es especial. Presentamos la obra del Club de Drama. ¿Vas a poder venir?

Diego: Pues, creo que sí, Rina. Después de jugar al béisbol tengo que ducharme, hacer la tarea y cenar algo. Pero después de eso, como a las siete, ya estoy libre para venir a ver la obra.

Rina: ¡Me alegro mucho! Oye, Diego, tengo que irme a almorzar. Disculpa, pero entonces, ¡te veo esta noche!

Diego: Sí, Rina, hasta entonces.

ESCRIBIR

Pre-AP Assessment Book p. 6

TEST CD 1, Track 5

Escucha la descripción de otro cantante hispanohablante. Toma apuntes.

FUENTE 2

TEST CD 1, Track 6

Me encanta el cantante Rodolfo. Él canta rock en español y es mi artista favorito. Rodolfo es de Miami, y tiene treinta y cuatro años. Toca el piano muy bien. Es joven, pero es el ganador de varios premios. Lo que más le gusta a Rodolfo es practicar deportes, ir al cine y comer.

HERITAGE LEARNER SCRIPTS HL CD 3

PRELIMINARY LESSON TEST ESCUCHAR: ACTIVIDAD A

Level 3 HL Assessment Book p. 7

HL CD 3, Track 1

Escucha el diálogo entre Andrea y Hernán. Luego, contesta las siguientes preguntas en oraciones completas.

Andrea: ¿Sabías que este fin de semana tiene cuatro días?

Hernán: ¿Hablas en serio?

Andrea: Sí, no tenemos que ir a la escuela ni el viernes ni el lunes. Así que, ¿qué vas a hacer?

Hernán: Pues, no lo sé, tengo que preguntar en mi casa. Quizás mis padres ya pensaron en algo. Y tú, ¿qué quieres hacer?

Andrea: Voy a un pueblo cerca de la ciudad con mi familia. Vamos a acampar varios días en una playa.

Hernán: ¡Excelente!

Andrea: Sí, vamos a dar caminatas y a hacer mucho ejercicio.

Hernán: ¿Quiénes van contigo?

Andrea: Mis padres y mi hermano. Mi hermana no puede acompañarnos porque tiene un partido de fútbol.

Hernán: ¿Piensas que va a ser divertido sin tu hermana?

Andrea: Va a ser difícil porque ya sabes que siempre estamos juntas, pero quiero ir al viaje. Ya mi padre me dijo que vamos a ir a pescar y que vamos a montar a caballo.

Hernán: ¡Qué divertido! Yo quiero ir con ustedes.

Andrea: Me encanta la idea... ¡vamos de viaje!

ESCUCHAR: ACTIVIDAD B

Level 3 HL Assessment Book p. 7

HL CD 3, Track 2

Escucha lo que nos cuenta Sergio sobre su rutina diaria para completar las siguientes oraciones.

Sergio: Soy muy lento por las mañanas. Normalmente, me despierto a las siete, aunque no me levanto de la cama hasta las siete y media. Luego, me lavo la cara y me ducho por quince minutos. Luego, tengo que vestirme y eso me toma por

Audio Scripts

lo menos veinte minutos. ¡Nunca sé qué ropa ponerme! Cuando estoy listo, preparo mi desayuno y eso me toma por lo menos media hora. Finalmente, salgo de mi casa y camino a la parada del autobús. ¡Mis mañanas son muy aburridas!

HABLAR

HL Assessment Book p. 11

HL CD 3, Track 3

Escucha la conversación entre dos jóvenes sobre su rutina diaria. Toma apuntes.

FUENTE 2

HL CD 3, Track 4

Rina: Hola, Diego. ¿Qué tal estás?

Diego: Pues yo bien, esta tarde tengo que jugar al béisbol.

Rina: Yo también estoy un poco ocupada. Esta noche es especial. Presentamos la obra del Club de Drama. ¿Vas a poder venir?

Diego: Pues, creo que sí, Rina. Después de jugar al béisbol tengo que ducharme, hacer la tarea y cenar algo. Pero después de eso, como a las siete, ya estoy libre para venir a ver la obra.

Rina: ¡Me alegro mucho! Oye, Diego, tengo que irme a almorzar. Disculpa, pero entonces, ¡te veo esta noche!

Diego: Sí, Rina, hasta entonces.

ESCRIBIR

HL Assessment Book p. 12

HL CD 3, Track 5

Escucha la descripción de otro cantante hispanohablante. Toma apuntes.

FUENTE 2

HL CD 3, Track 6

Me encanta el cantante Rodolfo. Él canta rock en español y es mi artista favorito. Rodolfo es de Miami, y tiene treinta y cuatro años. Toca el piano muy bien. Es joven, pero es el ganador de varios premios. Lo que más le gusta a Rodolfo es practicar deportes, ir al cine y comer.

Audio Scripts

UNIDAD 1, LECCIÓN 1
TEXTBOOK SCRIPTS
TXT CD 1

PRESENTACIÓN DE VOCABULARIO

Level 3 Textbook pp. 32-33

TXT CD 1, Track 15

A. Estos jóvenes están frente a un lago y deciden montar la tienda de campaña allí para estar más cerca de la naturaleza.

B. La tienda debe quedar cerrada para las arañas, serpientes u otros animales. Deben estar sin zapatos dentro de la tienda; por eso, antes de meterse, deben dejar los zapatos fuera.

C. Es necesario tener fósforos para encender la fogata y una cantimplora, que siempre deben llenar con agua.

D. Hay muchas actividades que pueden hacer al aire libre. Por ejemplo, pueden hacer caminatas por los senderos del bosque y mirar los árboles y las flores, o hacer una excursión junto al río.

E. Antes de encontrar un lugar para acampar, deben conseguir información sobre las tarifas. Muchos lugares ofrecen descuentos a los estudiantes y pueden ahorrar dinero.

EL SOL MEXICANO

área para acampar

¡Inolvidable!

El Sol Mexicano es el lugar perfecto para divertirse, acampar y tener una experiencia inolvidable.

Pueden ver muchos pájaros y mariposas. Les damos una guía con fotos del lugar y con las direcciones que deben seguir para llegar.

Pueden utilizar el transporte público; la parada del autobús está a cinco minutos de aquí.

¡Actividades y deportes!

A muchas personas les gusta remar en el río y pasar horas en kayac.

¡Los más valientes deciden navegar por rápidos!

En los lugares de agua dulce hay una variedad de peces para las personas que desean pescar.

¡Llamen con anticipación para hacer reservaciones!

¡Tarifas especiales para estudiantes!

Nuestro teléfono: (888) 111-1111

¡A RESPONDER!

Level 3 Textbook p. 33

TXT CD 1, Track 16

Escucha la lista de actividades. Para cada actividad, haz la mímica que corresponde.

1. escalar la montaña
2. observar un pájaro
3. seguir el sendero
4. remar el kayac
5. llenar la cantimplora con agua del río
6. beber el agua dulce
7. encender un fósforo
8. cocinar con una olla
9. meterse a la tienda de campaña
10. dormirse en el saco de dormir

CONTEXTO 1: PÓSTER

Level 3 Textbook p. 35

TXT CD 1, Track 17

Javier Medina preparó un póster para la sección de anuncios del Club Deportivo de su escuela. Busca dos compañeros para hacer una excursión con él y con su padre desde México D.F. hasta la Península de Yucatán este verano.

Club Deportivo

ANUNCIOS

Javier Medina: ¡Viaje de aventura inolvidable!

¡Tengo camioneta, necesito compañeros (y equipos)!

Excursión por México, este verano

Vamos a visitar:

-la selva de la Península de Yucatán para observar su naturaleza: pájaros y peces exóticos, mariposas raras y flores bonitas

-las ruinas de Chichén Itzá y Uxmal

-un albergue juvenil frente a un parque ecológico con todo tipo de flora y fauna

-el río Pahuatlán para navegar por rápidos en kayac

-los volcanes al sur de la ciudad de México para escalar montañas

Todavía tenemos que decidir:

-las fechas exactas del viaje

-el equipo que tenemos que utilizar durante el viaje y una lista de cosas que tenemos que conseguir

-el itinerario y los sitios donde podemos acampar en la ruta

Para formar parte del grupo tienes que escribir a <2medina05@mexnex.net>, con anticipación. ¡Sólo tengo espacio para cuatro personas en total, además del equipo!

¿Te animas?

PRONUNCIACIÓN

Level 3 Textbook p. 36

TXT CD 1, Track 18

La letra *c* con *a, o, u*

La combinación de la **c** con las vocales a, o, u, o con una consonante produce el sonido /k/. Su posición en la palabra no afecta nunca la pronunciación.

ca cargar
ca escalar
co conseguir
co saco de dormir
cu cuatro
cu descuento
cr crudo
ct activo

Trabalenguas

¿**Có**mo **co**me usted en **Co**mo?

Como en **Co**mo **co**mo en **Co**mo **co**me usted.

ACTIVIDAD 6 - ¿QUÉ PASÓ EL FIN DE SEMANA?

Level 3 Textbook p. 38

TXT CD 1, Track 19

Escucha el diálogo y escribe oraciones para decir cómo pasaron el fin de semana. Usa las actividades del banco de frases.

Mari-Luz: Oye, Juan, ¿cómo lo pasaste el fin de semana en el campo?

Juan: Ay, Mari Luz, fue fenomenal. Lo pasamos muy bien.

Mari-Luz: ¿Es verdad que Marta navegó por rápidos y que Alberto escaló una montaña?

Juan: Sí, y se divirtieron mucho.

Mari-Luz: ¿Qué hicieron Silvia y Ernesto?

Juan: Silvia y Ernesto se perdieron en el bosque pero regresaron a tiempo para comer.

Mari-Luz: ¿Cómo cocinaron ustedes?

Juan: Pues, yo cociné con la estufa de gas y luego Marta y Alberto encendieron una fogata. Después de comer, Ernesto limpió la olla en el río y Silvia llenó las cantimploras.

CONTEXTO 2 - CORREOS ELECTRÓNICOS

Level 3 Textbook p. 40

TXT CD 1, Track 20

Javier Medina busca dos compañeros con equipo de acampar para hacer un viaje a la Península de Yucatán este verano. Tres estudiantes contestaron el anuncio de Javier y escribieron para reservar un sitio en su camioneta.

Audio Scripts

Luis Mendoza:
¡Hola, Javier!

¡Leí tu anuncio y quiero formar parte del grupo! No puedo viajar durante el mes de junio, pero sí en julio o agosto. Mi familia y yo viajamos a EE.UU. el verano pasado y acampamos en varios parques. Tengo una tienda de campaña para cuatro personas y cuatro sacos de dormir.

Espero tu respuesta con más información sobre el viaje. ¡Hasta pronto!

Luis Mendoza :-)

Roberto Durín:

Hola,

Quiero participar en el viaje que describiste en tu anuncio. El problema es que sólo puedo ir durante los meses de junio y julio. Mis amigos y yo acampamos mucho, pero no tengo mucho equipo. Tengo una estufa de gas y unas ollas que usé en el último viaje. También tengo una cantimplora y un kayac. ¿Tenemos espacio para el kayac?

¡Gracias!

Roberto Durín

Tomás Gutiérrez:

Hola,

Leí tu anuncio sobre el viaje. ¡Qué padre! El año pasado conseguí una tienda de campaña para dos personas y tres sacos de dormir. También compré una estufa de gas. Pero sólo puedo ir durante el mes de julio.

¿Piensas ir a Cancún? Mis amigos y yo organizamos una excursión allí hace dos años y nos divertimos mucho. ¡Es genial! ¡Espero más información!

Tomás Gutiérrez

TODO JUNTO

Level 3 Textbook pp. 45-46

TXT CD 1, Track 21

Resumen contextos 1 y 2

Javier Medina recibió tres correos electrónicos como resultado de un póster que puso en su escuela. Cada persona escribió con información sobre el equipo para acampar y la experiencia que tienen para hacer un viaje desde el D.F. hasta la Península de Yucatán este verano.

Contexto 3 – DIÁLOGO

Ahora, Javier habla con sus padres para escoger a las dos personas ideales para hacer el viaje a Yucatán.

Javier Medina: Mamá, es difícil escoger a las dos personas ideales.

Madre: Claro, pero tienes que enfocarte en el equipo necesario para el viaje. Van a ser cuatro personas, incluido tu papá, y como tú no tienes nada más que la camioneta...

Javier Medina: Papá me puede dar más dinero.

Padre: ¡Ya te di mucho, Javier! ¡Te presté la camioneta y me escogiste como la persona adulta para ir con ustedes!

Javier Medina: ¡Sí, sí, papi, ya lo sé! A ver... Luis dijo que tiene una tienda de campaña para cuatro personas y cuatro sacos de dormir. Tomás dijo que tiene una tienda para dos personas y tres sacos de dormir. Y Roberto... no tiene tienda, pero tiene una estufa de gas, unas ollas, una cantimplora y un kayac.

Madre: Tenemos que considerar las fechas posibles para el viaje. Luis dijo que no puede viajar en junio, y Tomás dijo que sólo puede viajar en julio.

Javier Medina: Y Roberto dijo que sólo puede viajar en junio o julio.

Padre: Ay, ¡basta! Es como un problema de lógica... ¡demasiado agotador para mí!

Madre: Mira, Javier, busqué papel y lápiz, y preparé una tabla comparando todos los datos.

Javier Medina: ¡Mucho mejor! Hiciste la tabla y ahora puedo ver la situación con más detalle.

Padre: Bueno, es demasiado para mí. Nunca me gustó este tipo de problemas. ¡Me voy a ver la tele!

Madre: Bueno, Javier, ¿empezamos a decidir quién viaja?

Javier Medina: ¡Manos a la obra!

ACTIVIDAD 19 – INTEGRACIÓN

Level 3 Textbook p. 47

TXT CD 1, Track 22

Lee este artículo de una revista sobre un campamento en México. Luego, escucha el mensaje sobre el problema con tu reservación. Decide qué quieres hacer y llama al campamento para explicar tu decisión.

FUENTE 2 – UN MENSAJE POR TELÉFONO

TXT CD 1, Track 23

Escucha y apunta

- ¿Qué problema hay con tu reservación?
- ¿Qué tienes que hacer?

Hola, llamo del campamento Sol Maya. Recibimos tu reservación pero el sitio que pediste ya está reservado para las fechas que indicaste. Tienes dos opciones: puedes mirar el mapa en la página web y escoger otro sitio o puedes hacer tu visita en otra fecha. Si quieres un sitio con características específicas, explícanos qué tipo de sitio quieres y te haremos una recomendación. Esperamos tu llamada. Gracias.

LECTURA LITERARIA – HERMANDAD

Level 3 Textbook p. 49

TXT CD 1, Track 24

Soy hombre: duro poco
y es enorme la noche.
Pero miro hacia arriba:
las estrellas escriben.
Sin entender comprendo:
también soy escritura
y en este mismo instante
alguien me deletrea.

LECTURA LITERARIA – VIENTO, AGUA, PIEDRA

Level 3 Textbook pp. 50-51

TXT CD 1, Track 25

El agua horada la piedra,
el viento dispersa el agua,
la piedra detiene al viento.
Agua, viento, piedra.

El viento esculpe la piedra,
la piedra es copa del agua,
el agua escapa y es viento.
Piedra, viento, agua.

El viento en sus giros canta,
el agua al andar murmura,
la piedra inmóvil se calla.
Viento, agua, piedra.

Uno es otro y es ninguno:
entre sus nombres vacíos
pasan y se desvanecen
agua, piedra, viento.

REPASO DE LA LECCIÓN: ACTIVIDAD 1 – LISTEN AND UNDERSTAND

Level 3 Textbook p. 54

TXT CD 1, Track 26

Escucha a estas personas hablar de sus planes para el fin de semana. Luego, contesta las preguntas que siguen.

Margarita: Oye, Susana, ¿Tienes planes para este fin de semana?

Susana: ¡Ay, Margarita!, no sé. Quiero hacer algo al aire libre. ¡No puedo sufrir más el calor de la ciudad! Es agotador.

Margarita: Bueno, ¿por qué no vas al parque?

Audio Scripts

Susana: Sí. Quiero caminar tranquila y observar los pájaros; también puedo remar en el río. ¿Y tú? ¿Qué planes tienes?

Margarita: Mi plan es escalar las montañas. Voy de excursión con dos amigas.

Susana: ¡Qué padre! Unos días fuera de la ciudad es algo ideal.

Margarita: Sí. Llevamos una tienda de campaña y unos sacos de dormir para acampar.

Susana: ¿Y qué piensan comer?

Margarita: Pensamos hacer una fogata y cocinar algo. ¿No quieres venir? Siempre nos divertimos mucho.

Susana: ¿De verdad? Quiero, pero no tengo saco de dormir.

Margarita: No hay problema. Rita, una de mis amigas, te puede conseguir uno. Tiene varios en casa.

Susana: Entonces, ¡sí! ¡Siempre estoy lista para aventuras inolvidables!

WORKBOOK SCRIPTS WB CD 1

INTEGRACIÓN HABLAR

Level 3 Workbook p. 10

WB CD 1, Track 1

Escucha el mensaje que dejó Natalia en el teléfono celular de Fabián. Toma notas.

FUENTE 2

WB CD 1, Track 2

Hola, Fabián. Recibí tu correo electrónico. Yo también estoy muy contenta por nuestras vacaciones; sé que nos vamos a divertir mucho. Lo primero que quiero hacer es una excursión, pero necesitamos una guía para saber adónde vamos. Yo también tengo las cosas que voy a llevar: mi cantimplora, unas ollas para cocinar, el saco de dormir, los fósforos para encender una fogata y algo de dinero que me dieron mis padres.

INTEGRACIÓN ESCRIBIR

Level 3 Workbook p. 11

WB CD 1, Track 3

Escucha lo que dice Lucas en un mensaje que les mandó a sus amigos por Internet. Toma notas.

FUENTE 2

WB CD 1, Track 4

Hola a todos. Es Lucas. Llegamos bien. En el albergue juvenil hay muchos chicos. Nos estamos divirtiendo mucho. Ayer fuimos a hacer una excursión por el campo, seguimos un sendero muy bonito y vimos muchos animales. Vimos una serpiente y algunas arañas pero no me dio miedo. Más tarde, llegamos a un río y aprendimos a navegar por rápidos en kayac. En la noche, encendimos una fogata.

ESCUCHAR A, ACTIVIDAD 1

Level 3 Workbook p. 12

WB CD 1, Track 5

Escucha lo que dice Sara. Luego, lee cada oración y contesta **cierto** o **falso**.

¡Hola! Me llamo Sara y el verano pasado mis amigos y yo fuimos juntos de vacaciones por una semana. Fuimos a un lugar para acampar en las montañas que ofrecía descuentos a los estudiantes. Utilizamos el transporte público porque había una parada del autobús a cinco minutos del lugar. Cuando llegamos, mi amigo Guillermo vio un pájaro muy interesante sobre un árbol.

ESCUCHAR A, ACTIVIDAD 2

Level 3 Workbook p. 12

WB CD 1, Track 6

Escucha lo que dice Manolo sobre el viaje que hizo con sus amigos. Después, dibuja una línea desde los nombres de las personas a los dibujos que describen qué hacen.

¡Hola! Me llamo Manolo y fui de vacaciones con Nieves y otros amigos el verano pasado. Salvador, Jaime y yo quisimos montar la tienda de campaña junto a un árbol, pero Marisol vio una serpiente y tuvo miedo. Entonces, tuvimos que buscar otro lugar para montar la tienda. Lo encontramos: un lugar bello junto al río donde no vimos serpientes ni arañas. Una vez que la montamos, decidimos remar en kayac en el río por unas horas. Vi muchos peces en el agua dulce del río y decidí pescar al día siguiente.

ESCUCHAR B: ACTIVIDAD 1

Level 3 Workbook p. 13

WB CD 1, Track 7

Escucha lo que dice Pedro. Luego, escribe el nombre de la persona al lado del dibujo que describe qué hizo.

¡Hola! Me llamo Pedro y fui de vacaciones con Catalina y otros amigos el verano pasado. Catalina llamó por teléfono y consiguió mucha información para nuestro viaje. Acampamos junto a un río. Allí vimos muchos peces y Ricardo decidió pescar al día siguiente. Esteban no quiso pescar; él quiso escalar montañas. Yo quise mirar los árboles y las flores. Ariadna tomó la guía del lugar y siguió un sendero del bosque. Allí vio muchas mariposas.

ESCUCHAR B, ACTIVIDAD 2

Level 3 Workbook p. 13

WB CD 1, Track 8

Escucha la conversación y completa las siguientes oraciones.

Claudia: Melisa, tengo que encender la fogata y necesito fósforos. ¿Los trajiste?

Melisa: ¡Ay, no! Yo no los traje. A ver si los trajo uno de los chicos. Federico, ¿tienes fósforos?

Federico: No, yo no los traje. Pero vi un albergue juvenil frente a la parada del autobús, ¿preguntaste allí si tenían?

Melisa: No, todavía no. Ya voy.

Claudia: Melisa y Federico, también busco la cantimplora para llenarla con agua. ¿La encontraron?

Federico: Melisa fue al albergue juvenil para pedir fósforos. Pero creo que no trajimos la cantimplora, no la encontré aquí.

Claudia: ¡Ay! ¿Ahora cómo vamos a comer y beber?

ESCUCHAR C, ACTIVIDAD 1

Level 3 Workbook p. 14

WB CD 1, Track 9

Escucha lo que dice Hugo sobre las vacaciones que pasó con sus amigos. Toma apuntes. Luego, haz una lista de cuatro cosas que hicieron.

Soy Hugo y el verano pasado fui de vacaciones con Camila y otros amigos. Quisimos acampar para estar más cerca de la naturaleza y fuimos a un lugar para acampar en las montañas. Yo quería ir en camioneta, pero al final utilizamos el transporte público para ahorrar dinero. Natalia estaba muy contenta porque le gustó mucho el lugar de acampar. Después Camila quiso cocinar y buscó una olla para hacer la comida sobre la estufa. ¿Saben que no encontramos la olla? Tuvimos que pedirla en el albergue juvenil. Al día siguiente, fui a remar en kayac. ¡Fue un viaje agotador!

ESCUCHAR C, ACTIVIDAD 2

Level 3 Workbook p. 14

WB CD 1, Track 10

Escucha la conversación. Toma apuntes y contesta las siguientes preguntas con oraciones completas.

Andrés: ¡Hola, Marisa! ¿Te gustó acampar el verano pasado?

Audio Scripts

Marisa: ¡Hola, Andrés! Me encantó la naturaleza. ¡Fue una aventura inolvidable! Vi muchas mariposas. Hicimos unas excursiones excelentes, ¿verdad?

Andrés: Es verdad. Vimos pájaros, muchos árboles y hasta una serpiente. A ti te dio miedo, ¿no?

Marisa: No, no me dio miedo. Fui muy valiente.

Andrés: Yo también fui muy valiente; escalé una montaña. ¡Qué agotador!

Marisa: ¿Y Miguel? ¡Qué perezoso fue! Descansó todo el día después de ir a pescar. ¿Te gustó navegar por el río?

Andrés: Sí, pero lo mejor fue que remamos todos juntos. ¡Remar también es agotador!

ASSESSMENT SCRIPTS TEST CD 1

LESSON 1 TEST: ESCUCHAR, ACTIVIDAD A

Modified Assessment Book p. 11

On-level Assessment Book p. 22

Pre-AP Assessment Book p. 11

TEST CD 1, Track 7

Escucha el siguiente audio. Luego, completa la actividad A.

Celia: Debo ahorrar más dinero para comprar el equipo que necesito. Necesito ollas y una estufa, pero quiero 2 ollas grandes y una estufa pequeña. La tienda «De todo para su excursión» tiene un descuento del 20 por ciento para las ollas, pero las estufas están caras. Voy a comprar las ollas ahí pero tal vez puedo usar la estufa de mi primo. Mi primo José siempre va de excursión y tiene mucho equipo para acampar. Voy a pedirle la estufa con anticipación. Buena idea. ¡Uf! Es agotador pensar en todas las cosas de la excursión.

ESCUCHAR ACTIVIDAD B

Modified Assessment Book p. 11

On-level Assessment Book p. 22

Pre-AP Assessment Book p. 11

TEST CD 1, Track 8

Escucha el siguiente audio. Luego, completa la actividad B.

Sr. Álvarez: Encantado de trabajar con usted, Javier.

Javier: El gusto es mío, señor Álvarez.

Sr. Álvarez: Vamos a preparar la excursión al río La Quebrada. Primero, ¿ya confirmaron todas las personas que van a ir a la excursión?

Javier: Sí, señor, los 7 turistas ya confirmaron.

Sr. Álvarez: Bien, veamos el equipo. ¿Tenemos las 7 tiendas de campaña?

Javier: Sí, están todas.

Sr. Álvarez: ¿Una estufa, tres ollas, cantimploras?

Javier: Sí, tenemos todo.

Sr. Álvarez: ¿Tenemos los sacos de dormir y los kayacs?

Javier: No señor, tenemos los kayacs pero necesitamos 4 bolsas de dormir. Tampoco tenemos fósforos.

Sr. Álvarez: Muy bien Javier, vamos a buscar todo el equipo en mi oficina.

HABLAR

Pre-AP Assessment Book p. 16

TEST CD 1, Track 9

Ahora escucha el siguiente mensaje telefónico que te dejó tu amiga Beatriz. Toma apuntes.

FUENTE 2

TEST CD 1, Track 10

Beatriz: Hola, te habla Beatriz. Mira, este fin de semana me visitan los hijos de mi tía Trina, la hermana de mi mamá. Estos primos son de tu edad y de la mía. Creo que queremos hacer una excursión al campo. ¿Me puedes llamar y darme algunas ideas? Mira que mis primos, los hijos de tía Trina, desean pasar unos días fuera de la ciudad haciendo actividades al aire libre. Bueno, llámame con tus ideas, y si no encuentras a nadie en casa, déjanos por favor un mensaje telefónico con la información. Gracias y hasta pronto.

ESCRIBIR

Pre-AP Assessment Book p. 17

TEST CD 1, Track 11

Escucha la cinta informativa que pediste al Grupo Ecológico y escribe las cosas más importantes.

FUENTE 2

TEST CD 1, Track 12

Aquí viven animales y vegetales que son únicos; es decir, que nada más se pueden encontrar en la Sierra Gorda. Sierra Gorda también tiene un bosque tropical; pero, además, uno de los bosques tropicales más al norte que hay en todo el mundo. También hay muchas flores. ¡Es muy impresionante! En esta sierra viven cerca del cuarenta y cinco por ciento de las aves que hay en México. Por ejemplo: la guacamaya verde, el águila elegante, el jaguar y el ocelote. Además - esto es muy importante: la Sierra Gorda es un lugar rico en agua, que se utiliza para la agricultura de esta zona.

HERITAGE LEARNERS SCRIPTS HL CDs 1 & 3

INTEGRACIÓN HABLAR

Level 3 HL Workbook p. 12

HL CD 1, Track 1

Ahora vas a escuchar los mensajes grabados de Claudia Gracián. Toma notas. Luego completa la actividad.

FUENTE 2

HL CD 1, Track 2

Hola, Rafael, oí tu mensaje. Claro, hombre, debes ir a la excursión. Es una aventura sensacional. El primer día nos levantamos temprano y desayunamos en el hotel de Durango antes de salir para la Zona del Silencio. El desayuno estuvo riquísimo, muy típico mexicano: pan dulce, café, huevos rancheros… Se me hace agua la boca. El transporte a la Zona fue en autobús y si me acuerdo bien duró como seis horas. El campamento está en medio de un rancho y los dueños te reciben con una carne asada, o sea lo que nosotros llamamos un «barbeque». Me acuerdo de la limonada que nos sirvieron, ah, nunca he tomado una limonada como esa. Cuando oscurece te llevan al campamento, no queda muy lejos de ahí y cuando llegas ya hay dos fogatas encendidas. El Desierto Chihuahuense es espectacular de noche. Llámame y platicamos con más calma, ahora tengo que colgar porque me llama papá. Adiós.

INTEGRACIÓN ESCRIBIR

Level 3 HL Workbook p. 13

HL CD 1, Track 3

Escucha el mensaje que dejó Julián Verdú en el contestador de Kiko, un compañero del club de ciclismo de montaña. Toma notas. Luego completa la actividad.

FUENTE 2

HL CD 1, Track 4

Kiko, habla Julián. Mira, lo primero que hice fue comprar una guía en la librería porque aunque al final no son de gran utilidad, al menos te dan la información básica. Yo llegué por avión a la ciudad de Chihuahua y de ahí tomé el tren Chihuahua al Pacífico. Una vez en Creel, así se llama el pueblo, te trasladas a Batopilas que en realidad es donde empieza el ciclomontañismo porque el camino es de tierra. Este camino atraviesa dos barrancas enormes. Yo lo disfruté mucho. Pero me dijo la gente local que los senderos a la cascada Baseaseachic y al Lago Arareko son impresionantes. Llámame, tenemos mucho de qué hablar.

LESSON 1 TEST: ESCUCHAR ACTIVIDAD A

HL Assessment Book p. 17

HL CD 3, Track 7

Paola está hablando con Ricardo sobre un viaje que hizo a la selva con su familia. Escucha su conversación y contesta las siguientes preguntas. Usa oraciones completas.

Paola: Ay, Ricardo, nuestra excursión por la selva fue inolvidable.

Ricardo: ¡Cuéntame! ¿Cómo fue?

Paola: Pues, al principio, mi papá quería quedarse en un albergue, pero mi mamá y yo queríamos estar cerca de la naturaleza.

Ricardo: ¿Y qué hicieron entonces?

Paola: Como viajamos en nuestra camioneta, mi mamá y yo pusimos todo nuestro equipo en ella. Cuando mi papá nos vio, mamá le dijo riéndose: «Uno nunca sabe».

Ricardo: ¡Qué cómico!

Paola: Pues la verdad es que sí y mi papá es tan bueno que, en poco tiempo, también le gustó la idea. En cuanto llegamos, hizo una fogata y nos ayudó a montar las dos tiendas de campaña.

Ricardo: Sí, es verdad. ¡Tu papá es tan simpático!

Paola: Sí, y mi mamá es igual. El viaje fue tan agotador que en cuanto llegamos, mi madre se acostó a dormir con la ropa y las botas. Eso sí, por la mañana, nos despertó diciendo: «¿Ya están listos para la caminata?». Cuando, finalmente, nos levantamos, la encontramos frente a la estufa de gas, con una olla en la mano. ¡Hasta había llenado las cantimploras!

Paola: Ese día caminamos por la selva y vimos de todas las cosas bellas que nos ofrece la Madre Naturaleza.

ESCUCHAR ACTIVIDAD B

HL Assessment Book p. 17

HL CD 3, Track 8

Escucha el mensaje que te dejó Raúl y contesta las siguientes preguntas.

Raúl: ¡Hola, me llamo Raúl! Me encanta la naturaleza y hace poco fui a un parque ecológico que está muy cerca de mi ciudad. En este parque puedes caminar por los senderos y ver pájaros, arañas y hasta serpientes. Si te gusta remar, puedes alquilar un kayac y navegar por un río. También puedes observar los pájaros que viven allí. Mucha gente viene a visitar el parque cada año. ¡Y yo ni sabía que estaba tan cerca de mi casa! El otro día pensé que me gusta tanto ese lugar y lo conozco tan bien, que puedo ser guía. Quizás este fin de semana invito a algunos amigos y les enseño el mejor lugar para acampar. ¿Quieres venir con nosotros?

HABLAR

HL Assessment Book p. 22

HL CD 3, Track 9

Ahora escucha el siguiente mensaje telefónico que te dejó tu amiga Beatriz. Toma apuntes.

FUENTE 2

HL CD 3, Track 10

Beatriz: Hola, te habla Beatriz. Mira, este fin de semana me visitan los hijos de mi tía Trina, la hermana de mi mamá. Estos primos son de tu edad y de la mía. Creo que queremos hacer una excursión al campo. ¿Me puedes llamar y darme algunas ideas? Mira que mis primos, los hijos de tía Trina, desean pasar unos días fuera de la ciudad haciendo actividades al aire libre. Bueno, llámame con tus ideas, y si no encuentras a nadie en casa, déjanos por favor un mensaje telefónico con la información. Gracias y hasta pronto.

ESCRIBIR

HL Assessment Book p. 23

HL CD 3, Track 11

Escucha la cinta informativa que pediste al Grupo Ecológico y escribe las cosas más importantes.

FUENTE 2

HL Assessment Book p. 23

HL CD 3, Track 12

Aquí viven animales y vegetales que son únicos; es decir, que nada más se pueden encontrar en la Sierra Gorda. Sierra Gorda también tiene un bosque tropical; pero, además, uno de los bosques tropicales más al norte que hay en todo el mundo. También hay muchas flores. ¡Es muy impresionante! En esta sierra viven cerca del cuarenta y cinco por ciento de las aves que hay en México. Por ejemplo: la guacamaya verde, el águila elegante, el jaguar y el ocelote. Además - esto es muy importante - la Sierra Gorda es un lugar rico en agua, que se utiliza para la agricultura de esta zona.

Audio Scripts

UNIDAD 1, LECCIÓN 2
TEXTBOOK SCRIPTS
TXT CD 2

PRESENTACIÓN DE VOCABULARIO

Level 3 Textbook pp. 58-59

TXT CD 2, Track 1

A. Hola, me llamo Sandra Zapata y soy de México. Mi familia siempre se reúne una vez al año. La reunión de los parientes puede durar varios días o puede ser una escapada de fin de semana.

La reunión de la familia Zapata: En esta foto que tomé hace dos años, vemos a mi familia en la playa. Algunas de estas personas se parecen muchísimo y otras no se parecen en absoluto. Claro, también hay personas con otro apellido. Por ejemplo, la hija del señor Patricio Zapata, Beba, es la esposa de Ricardo Ríos, que es el yerno del señor. Zapata. Y el padre de Ricardo también es Ríos, se llama Miguel y es el suegro de Beba.

B. Muchos viajamos desde distintas partes de México para juntarnos en la costa del Pacífico. Algunos llegaron conduciendo el carro. Algunos parientes que viven en Estados Unidos llegaron en casas rodantes.

C. Para refrescarnos y refugiarnos del calor, todos vamos al agua. Los más jóvenes conducimos motos acuáticas. Otros van a remar aunque, a veces, es difícil mantener el equilibrio en un bote.

D. Los abuelitos generalmente se paran en la orilla para ver a sus nietos jugar al voleibol playero en la arena. Los niños también se divierten y recogen caracoles en una bolsa. Para descansar, es ideal recostarse debajo de una sombrilla.

E. Cuando en la playa hace un calor agobiante, podemos hacer un crucero para sentir la brisa del mar. También es divertido merendar en la cubierta del barco, pero allí es muy común marearse. A la hora de cenar hace fresco y todos vamos a un restaurante del puerto a comer y ver la puesta del sol.

¡A RESPONDER!

Level 3 Textbook p. 59

TXT CD 2, Track 2

Escucha las siguientes actividades y representa cada una con movimientos.

1. Jugar al voleibol playero.
2. Refrescarse en el agua.
3. Mantener el equilibrio en una tabla de surf.
4. Ponerse el chaleco salvavidas.
5. Remar en la canoa.
6. Recostarse debajo de una sombrilla.
7. Merendar unos sandwiches.
8. Pararse en la orilla para ver la puesta del sol.
9. Recoger caracoles.

CONTEXTO 1 - BLOG

Level 3 Textbook p. 61

TXT CD 2, Track 3

Sandra Zapata es una joven mexicana de Veracruz. Ella tiene un blog donde escribe sus experiencias. Aquí habla de sus últimas vacaciones con su familia.

Sandra Zapata

Bienvenidos al blog de Súper Sandra.

-Libros que me gustan

-Mis amigos

-Mis vacaciones

-Mis poemas

-Mi novela gráfica

Jueves 24 de abril

Hoy supe que vamos a pasar dos semanas de vacaciones en la playa con la familia entera. :(

La última vez hicimos un crucero por el Caribe y fuimos todos: Sergio, mi hermano mayor, con su esposa Olga y su bebé Rosita; mis padres y yo. Lo peor fue que nos acompañaron los suegros de Sergio (el Sr. y la Sra. Oliveros), los cuñados de Sergio (Daniel, Lorenzo y Luisa), y los sobrinos de Olga (Rafael y Renata).

Yo traté de refugiarme en mi cabina, pero no pude. Sergio, Olga y Rosita se marearon y yo pasé la semana cuidándolos. Los suegros de Olga se asustaron y pasaron el viaje entero con los chalecos salvavidas sin parar de llorar. Por suerte mis padres se recostaron todo el día en las hamacas.

El último día conocí a Santiago, un surfista. Vive en Cabo San Lucas, tiene un velero y me dijo que le gusta la playa. Fue la única persona interesante entre todos, pero me quedó poco tiempo para hablar con él.

¡No me parezco en absoluto a mi familia! Así que, queridos lectores, ya saben por qué no quiero pasar las próximas vacaciones con la familia.

ACTIVIDAD 6 - ¿CÓMO PASABAN LAS VACACIONES?

Level 3 Textbook p. 64

TXT CD 2, Track 4

Escucha la narración en que Roberto describe las vacaciones de su familia. Presta atención a las actividades. Escribe oraciones completas.

Roberto: En agosto, mis abuelos hacían un crucero para sus vacaciones mientras el resto de mi familia y yo estábamos en Acapulco al lado del mar. Todos los días íbamos a una playa aislada y muy bonita. Un día típico era así: Mi hermano se refrescaba en el agua. Yo conducía una moto acuática. Mis bisabuelos se quedaban debajo de la sombrilla. Mi cuñada recogía piedras. Mis sobrinos navegaban en velero. Otros parientes jugaban al voleibol playero. Mis padrinos manejaban por la costa en su carro. Al fin del día todos nos reuníamos para la cena. Luego, mis papás veían la puesta del sol.

CONTEXTO 2 - NOVELA GRÁFICA

Level 3 Textbook p. 66

TXT CD 2, Track 5

Sandra no se divierte cuando va de vacaciones con su familia. Hace un mes, tuvo que pasar otra vez dos semanas de vacaciones con ellos. Como no quería hacer actividades con sus parientes, se divertía dibujando una novela gráfica para su blog.

Las aventuras de Súper Sandra en la playa...

Súper Sandra

-Libros que me gustan

-Mis amigos

-Mis vacaciones

-Mis poemas

-Mi novela gráfica

Era un día típico en una playa típica de Baja California. Súper Sandra andaba por la playa sola, tratando de escaparse de su familia y sus actividades aburridas.

La familia de Súper Sandra se divertía en la playa. Su madre se recostaba, su padre recogía caracoles. Su hermano, Sergio, y su esposa, Olga, se refrescaban en el agua con su hija, Rosita.

Y los suegros, cuñados y sobrinos de Sergio conducían motos acuáticas. No era nada nuevo para Súper Sandra.

Súper Sandra se refugiaba en un lugar tranquilo para pensar.

Luego Súper Sandra observaba la puesta del sol y pensaba en su vida patética cuando... de repente...

¡Una sorpresa increíble! ¡No lo podía creer! ¡Era el surfista que conoció en el crucero hace un año!

PRONUNCIACIÓN

Level 3 Textbook p. 69

TXT CD 2, Track 6

La letra **c** con **e**, **i** y la letra **z**

En Latinoamérica la combinación de la **c** con las vocales **e**, **i** produce el sonido /s/, al igual que la **z**. En cambio, en España **ce**, **ci** y la **z** se pronuncian como la **th** de la palabra *thin* en inglés. Su posición en la palabra no afecta nunca la pronunciación.

ce	cenar
ce	amanecer
ci	cinturón
ci	conducir
/s/	Zapata
/s/	biznieta

Refrán

Come poco y **c**ena temprano si quieres llegar a ser an**c**iano.

TODO JUNTO

Level 3 Textbook pp. 71-72

TXT CD 2, Track 7

Resumen Contextos 1 y 2

Sandra Zapata escribió acerca de las vacaciones con su familia. Ella hizo una novela gráfica en su blog con sus experiencias.

Sandra regresó de sus vacaciones en la playa con su familia. Ahora le cuenta a Carmen lo que pasó durante las vacaciones.

Carmen: Sandra, ¿qué onda? ¿Cómo pasaste las vacaciones?

Sandra: Bueno, las vacaciones empezaron como siempre: todo el mundo estaba en la playa haciendo lo que le gustaba, y yo estaba sola y aburrida.

Carmen: ¡Claro! ¡Como siempre!

Sandra: Era como una película de terror. Estaba muy deprimida y hacía un calor agobiante cuando, sin esperarlo, vi otra vez al chico del crucero.

Carmen: ¿Santiago? ¿El surfista? ¡Qué padre!

Sandra: Sí. ¡Qué casualidad!, ¿no? Lo interesante es que somos muy diferentes, pero nos gustaba hacer cosas juntos. Hicimos un crucero, caminamos por la arena todos los días, ¡hasta condujimos motos acuáticas!

Carmen: ¿Tú? ¡Imposible! ¡No lo creo!

Sandra: ¡Ni yo! Pero nos divertimos mucho. Yo era una persona completamente diferente. Y mientras hacíamos todas estas cosas, también hablábamos mucho. Creo que lo conozco bien, aunque sólo estuve dos semanas en Baja California.

Carmen: ¿Y qué dijeron tus padres?

Sandra: Pues, tuve que presentarlo a la familia entera. ¡Qué horror! No puedo ni hablar de eso. ¡Eso sí! Santiago se divirtió con todos.

Carmen: ¿Y conociste a su familia?

Sandra: Sí, sí, todos en la familia Aguirre fueron muy amables. Tienen una casa rodante y me invitaron a hacer un viaje con ellos a Los Ángeles durante todo el mes de agosto.

Carmen: ¡No puedes ir en agosto! Ese mes viene mi primo Jorge a Monterrey y ya te dije que tienes que conocerlo. Es el amigo perfecto para ti: el año pasado dirigió su propia película independiente, y a la vez que hacía la película, escribía una novela gráfica sobre sus experiencias... y una casa editorial la publicó hace dos meses.

Sandra: ¡Ay!, no sé qué hacer. En mi vida nunca pasa nada, y cuando pasa, pasa todo junto. ¡Realmente no sé qué hacer!

Carmen: Bueno, Sandra, recuerda que en realidad no te gusta mucho estar al aire libre ni hacer deportes. El surfista fue un buen amigo para pasar las vacaciones, pero ¿crees que tú y Santiago son compatibles de verdad?

Sandra: Pues, no lo sé. Santiago fue muy bueno conmigo. Por otro lado, tu primo publicó una novela gráfica. ¡Lo mismo que me interesa a mí!

Carmen: Pues, amiga, tienes que decidirte pronto. ¡Ya estamos en julio!

ACTIVIDAD 18 – INTEGRACIÓN

Level 3 Textbook p. 73

TXT CD 2, Track 8

Te gusta mucho la telenovela «Seres queridos». Lee este artículo sobre uno de los actores. Luego escucha las noticias de la radio sobre su visita a la playa. Cuenta las noticias.

FUENTE 2 – REPORTE DE RADIO

TXT CD 2, Track 9

Escucha y apunta

- ¿Por qué decidió Eduardo celebrar su cumpleaños en Acapulco?
- ¿Con quién fue y qué hizo allí?

Buenas tardes. Soy Elena García, aquí con las noticias sociales de Acapulco, donde el actor Eduardo Ríos celebró su cumpleaños junto con su familia. Eduardo dijo que siempre pasaba su cumpleaños en el D.F., pero este año decidió pasar el fin de semana en Acapulco. Dijo que cuando era niño visitó nuestra ciudad por primera vez y le encantó. Aunque ésta es su segunda visita, Eduardo dijo que la playa es tan bella como la recordaba. Y el joven actor no perdió ni un minuto: anduvo en moto acúatica, practicó el surf, nadó, recogió caracoles y jugó al voleibol playero con toda su familia. Luego nos dijo que fue una escapada de fin de semana bien padre.

LECTURA LITERARIA – COMO AGUA PARA CHOCOLATE

Level 3 Textbook pp. 75-77

TXT CD 2, Track 10

En el rancho de Mamá Elena la preparación del chorizo era todo un rito. Con un día de anticipación se tenían que empezar a pelar ajos, limpiar chiles y a moler especias. Todas las mujeres de la familia tenían que participar: Mamá Elena, sus hijas Gertrudis, Rosaura y Tita, Nacha la cocinera y Chencha la sirvienta. Se sentaban por las tardes en la mesa del comedor y entre pláticas y bromas el tiempo se iba volando hasta que empezaba a oscurecer. Entonces Mamá Elena decía:

—Por hoy ya terminamos con esto.

Dicen que a buen entendedor pocas palabras, así que después de escuchar esta frase todas sabían qué era lo que tenían que hacer. Primero recogían la mesa y después se repartían las labores: una metía a las gallinas, otra sacaba agua del pozo y la dejaba lista para utilizarla en el desayuno y otra se encargaba de la leña para la estufa. Ese día ni se planchaba ni se bordaba ni se cosía ropa. Después todas se iban a sus recámaras a leer, rezar y dormir. Una de esas tardes, antes de que Mamá Elena dijera que ya se podían levantar de la mesa, Tita, que entonces contaba con quince años, le anunció con voz temblorosa que Pedro Muzquiz quería venir a hablar con ella...

—¿Y de qué me tiene que venir a hablar ese señor?

Dijo Mamá Elena luego de un silencio interminable que encogió el alma de Tita.

Con voz apenas perceptible respondió:

—Yo no sé.

Mamá Elena le lanzó una mirada que para Tita encerraba todos los años de represión que habían flotado sobre la familia y dijo:

—Pues más vale que le informes que si es para pedir tu mano, no lo haga. Perdería su tiempo y me haría perder el mío. Sabes muy bien que por ser la más chica de las mujeres a ti te corresponde cuidarme hasta el día de mi muerte.

Dicho esto, Mamá Elena se puso lentamente de pie, guardó sus lentes dentro del delantal y a manera de orden final repitió:

—¡Por hoy, hemos terminado con esto!

Tita sabía que dentro de las normas de comunicación de la casa no estaba incluido el diálogo, pero aun así, por primera vez en su vida intentó protestar a un mandato de su madre.

—Pero es que yo opino que...

—¡Tú no opinas nada y se acabó! Nunca, por generaciones, nadie en mi familia ha protestado ante esta costumbre y no va a ser una de mis hijas quien lo haga.

Tita bajó la cabeza y con la misma fuerza con que sus lágrimas cayeron

Audio Scripts

sobre la mesa, así cayó sobre ella su destino. Y desde ese momento supieron ella y la mesa que no podían modificar ni tantito la dirección de estas fuerzas desconocidas que las obligaban, a la una, a compartir con Tita su sino, recibiendo sus amargas lágrimas desde el momento en que nació, y a la otra a asumir esta absurda determinación.

REPASO DE LA LECCIÓN – LISTEN AND UNDERSTAND

Level 3 Textbook p. 80

TXT CD 2, Track 11

Escucha a una radioyente que habla con un locutor de radio sobre una escapada de fin de semana que ella ganó en un concurso. Luego, completa las oraciones siguientes con las palabras que faltan.

Locutor: Hola, señora Ramos. Gracias por estar con nosotros.

Sra. Ramos: Hola, don Fernando. Gracias por invitarme.

Locutor: Para los radioyentes que no saben qué pasó, les contamos que la señora Ramos ganó el gran premio que dimos en esta estación de radio: ¡una escapada de fin de semana a Acapulco!

Sra. Ramos: ¡Sí, don Fernando! Fue muy divertido.

Locutor: Nuestros radioyentes quieren saber más detalles.

Sra. Ramos: ¡Ay, don Fernando, fue una experiencia inolvidable! Mi esposo y yo lo pasamos de maravilla. Viajamos desde el D.F. en un carro de lujo hasta Acapulco. Allí, nos quedamos en un hotel muy cerca en la playa. El hotel era increíble. Había televisores y teléfonos por todas partes, una cama enorme, un jacuzzi, y una ventana enorme que miraba al mar....

Locutor: ¡Eso sí es vida! ¿Verdad?

Sra. Ramos: Estuvimos allí tres días enteros. Todos los días veíamos el amanecer en la playa. Después pedíamos un desayuno americano y después nos recostábamos en la playa. Por las tardes, merendábamos con jugo de coco. Por las noches, comíamos en el comedor del hotel y luego salíamos a bailar.

Locutor: ¡Vaya! Realmente se divirtieron...

Sra. Ramos: ¡Ay, sí! Estábamos muy contentos. Todo era perfecto.

Locutor: Muchas gracias por compartir su experiencia, señora Ramos. No se olviden, amigos oyentes, sigan escuchando Radio Sol. ¡Usted puede ser el próximo ganador!

COMPARACIÓN CULTURAL: TIERRA DE CONTRASTES

Level 3 Textbook pp. 82-83

TXT CD 2, Track 12

El Noreste y Monterrey, Juan

Juan: Me llamo Juan Aguilar y vivo en Monterrey, en el noreste de México. Ésta es una zona agrícola y hay muchos ranchos. A mi ciudad le dicen «la ciudad de las montañas» porque aquí las montañas tienen formas muy interesantes. Algunos ejemplos son el Cerro de la Silla, y la Sierra Madre (donde está el parque ecológico Chipinque). La ciudad también tiene museos y dos universidades muy importantes: la Universidad de Monterrey y el Tecnológico de Monterrey, donde yo estudio. La ciudad es moderna pero también puedes escuchar música ranchera e ir a rodeos con toda la familia.

El Distrito Federal, Diana

Diana: Me llamo Diana Figueras y mis iniciales son iguales a las de mi ciudad: el D.F. (Distrito Federal). El D.F. es la capital de México y una de las ciudades más grandes del mundo. Tiene más de ocho millones de habitantes. Yo vivo cerca de la Plaza Hidalgo, en el barrio de Coyoacán. Es famosa por sus artesanos. Aquí está el museo de Frida Kahlo. En el valle de México vivieron grupos indígenas importantes. Los aztecas establecieron la primera ciudad, Tenochtitlán, en 1325. Esta ciudad, hoy es el D.F. Aquí hay muchas pirámides y templos de la época precolombina. Además, es tierra de escritores y artistas muy importantes, como Carlos Fuentes (escritor) y Cantinflas (actor). El centro de la ciudad está lleno de vida.

REPASO INCLUSIVO: ESCUCHA, COMPRENDE Y COMPARA

Level 3 Textbook p. 86

TXT CD 2, Track 13

Escucha este reportaje sobre un problema medioambiental y contesta las preguntas.

Buenas tardes, soy Silvia Molina informando desde la reserva de las mariposas monarcas en Valle de Bravo, a poca distancia de la capital. Esteban Murillo, el director de la reserva, me explicó que este invierno la cantidad de mariposas fue menor. Hizo mucho frío el mes pasado y parece que muchas mariposas murieron durante el viaje. La única protección que tienen del frío son los bosques de esta zona pero, lamentablemente, los habitantes de Valle de Bravo cortaron muchos árboles porque ellos también tenían mucho frío y necesitaban madera. Amigos, ¡tenemos que proteger esta reserva y tenemos que proteger las mariposas! La naturaleza es nuestra responsabilidad. El director le pidió dinero al gobierno pero necesita más. Por favor, manda una donación a la Reserva de las Mariposas Monarcas, Valle de Bravo, México. Muchísimas gracias y buenas tardes. Les habló Silvia Molina. Hasta mañana.

WORKBOOK SCRIPTS WB CD 1

INTEGRACIÓN HABLAR

Level 3 Workbook p. 33

WB CD 1, Track 11

You are going to participate in a simulated telephone conversation with your friend, Jaime. First, read the outline of the whole conversation below. Next, listen to the audio. You will hear only what Jaime says to you. Then, listen to the audio again and fill in the pauses with the appropriate responses, according to your cues. A tone will tell you when to start and stop speaking.

FUENTE 2

WB CD 1, Track 12

<student response>

Jaime: Hola, ¿cómo estás? Soy Jaime. Te llamo para decirte que me divertí mucho este verano con mi familia. ¿Te divertiste mucho también?

<student response>

Jaime: Esta semana aprendí a hacer algo divertido: mis primos y yo alquilamos un velero. ¿Te gusta navegar en veleros o prefieres hacer otra cosa?

<student response>

Jaime: ¡Qué bien! ¿Y qué hiciste cuando fuiste a acampar?

<student response>

Jaime: Oye, ¿quieres venir con mi familia el próximo año a la playa?

<student response>

Jaime: Bueno, ahora tengo que irme. Adiós.

<student response>

INTEGRACIÓN ESCRIBIR

Level 3 Workbook p. 34

WB CD 1, Track 13

Escucha lo que dice la actriz de la película en una entrevista en la radio. Toma notas.

FUENTE 2

WB CD 1, Track 14

Estoy muy contenta por esta película. Fue difícil llegar todos los días a casa con arena hasta en los calcetines, pero la película está muy buena. Trabajamos desde el amanecer hasta la puesta de sol, todos los días. Lo más interesante es que muchos pueden aprender de esta historia. El suegro de la protagonista le enseña a su nuera a empezar todo de nuevo y ella vuelve a hacer surf ¡mejor que nunca!

ESCUCHAR A, ACTIVIDAD 1

Level 3 Workbook p. 35

WB CD 1, Track 15

Escucha la conversación entre Berta y Enrique. Luego, une con flechas las personas y las actividades que realizaban.

Berta: ¡Hola Enrique! ¿Te divertiste este verano?

Enrique: Sí, me divertí mucho. Fui a la playa con mis amigos. Yo hice surf y navegué en un velero. Mi amigo Víctor conducía una moto acuática cuando empezó a llover. ¡Tuvimos que salir del agua y recoger todas mis cosas!

Berta: Yo también fui a la playa. Todos los días nadaba y jugaba al voleibol playero. Mis padres se quedaban todas las tardes en la playa para ver la puesta de sol. Yo iba a merendar con mis amigos en el pueblo cerca de la playa.

ESCUCHAR A, ACTIVIDAD 2

Level 3 Workbook p. 35.

WB CD 1, Track 16

Escucha lo que dice Sofía. Luego, lee cada oración y contesta **cierto** o **falso**.

El año pasado, mis hijas, Inés y Miriam, quisieron ir a Acapulco. A ellas les encanta hacer surf y me dijeron que allí las playas son excelentes. Cuando llevábamos tres días en Acapulco, llegó mi sobrino Jorge con dos amigos suyos. Son unos chicos encantadores. Ellos se hicieron amigos de mis hijas. Todos eran un grupo muy bonito. Inés y Miriam hacían surf mientras Jorge y sus amigos conducían motos acuáticas. Yo los miraba desde la orilla, debajo de mi sombrilla. La verdad es que nunca me gustó hacer deportes.

ESCUCHAR B, ACTIVIDAD 1

Level 3 Workbook p. 36

WB CD 1, Track 17

Escucha lo que dice Alberto. Luego, completa estas oraciones.

El año pasado fui con mis amigos, Ernesto y Pablo, a una playa de Acapulco. Allí nos encontramos con dos amigas de Jorge. Nos divertimos mucho todos juntos. Las chicas llevaban sus tablas de surf todos los días y hacían surf desde la mañana. Mis amigos y yo conducíamos motos acuáticas. Por la tarde, todos jugábamos al voleibol playero.

ESCUCHAR B, ACTIVIDAD 2

Level 3 Workbook p. 36

WB CD 1, Track 18

Escucha la conversación entre estos dos amigos y toma apuntes. Luego, completa estas oraciones.

Asunción: ¡Hola Andrés! ¿Qué tal tu familia?

Andrés: Bien, gracias. Mis primos vinieron con nosotros a la playa estas vacaciones y lo pasamos muy bien.

Asunción: ¿Qué hicieron?

Andrés: Bueno, estábamos casi todos allí. Mis padres, mi hermano, la novia de mi hermano, mis tíos y, claro, mis primos. Mi tía juega muy bien al voleibol playero, así que todos jugábamos varias horas al día.

Asunción: Parece muy divertido. ¿Tu hermana fue?

Andrés: No, no pudo venir. Estaba de vacaciones navegando en un velero. Quizá tú puedes venir la próxima vez con nosotros, ¿no?

Asunción: Sí, ¡me encantaría!

ESCUCHAR C, ACTIVIDAD 1

Level 3 Workbook p. 37

WB CD 1, Track 19

Escucha lo que dice Miriam. Luego, completa las oraciones.

El año pasado, mi mamá nos llevó a mi hermana y a mí a una playa de Acapulco. A mi hermana Inés le gusta el surf tanto como a mí. Mi mamá no quería llevarnos y nos costó mucho convencerla porque la playa estaba muy lejos de mi casa. Finalmente, cuando pensábamos que mamá ya no quería llevarnos, nos dijo que viajábamos esa semana.

Cuando estábamos allá, llegó mi primo Jorge con dos amigos, Alberto y Raúl. Nos divertimos mucho todos. Jugábamos voleibol playero todo el día. En la noche, después de cenar, todos hablábamos de las cosas que nos gustan. Pero mi hermana nunca dijo que, entre esas cosas, estaba Raúl.

ESCUCHAR C, ACTIVIDAD 2

Level 3 Workbook p. 37

WB CD 1, Track 20

Escucha la conversación entre estos amigos. Toma apuntes. Luego, contesta las preguntas con oraciones completas.

Marina: ¡Hola, Santiago! ¿Sabes que estuve en la playa de Cancún este verano?

Santiago: ¿Sí? ¿Fuiste con tu familia?

Marina: Sí, fui con mi madre y mi prima Celia. Tomamos un barco desde Miami que nos llevó por todo el Caribe. Luego llegamos a Cancún y nos quedamos unos días.

Santiago: ¿Hicieron muchas actividades acuáticas?

Marina: Sí. Mi madre condujo una moto acuática por primera vez. Me dijo que fue muy divertido. Ella estaba conduciendo la moto cuando yo jugaba con mi prima Celia al voleibol playero. Por las tardes veíamos la puesta de sol desde la cubierta del barco, que estaba en el puerto.

Santiago: ¿Hacía mucho calor?

Marina: Sí, por el día hacía mucho calor, pero por la noche hacía fresco a la orilla del mar. Por eso cenábamos dentro del restaurante.

Santiago: ¡Yo también quiero hacer un crucero por el Caribe!

LESSON 2 TEST: ESCUCHAR ACTIVIDAD A

Modified Assessment Book p. 23

On-level Assessment Book p. 39

Pre-AP Assessment Book p. 23

TEST CD 1, Track 13

Escucha el siguiente audio. Luego, completa la actividad A.

Miguel: Marcos, paseé por la playa. Mis amigos y yo practicamos surf.

Marcos: ¿Miguel, compraste una tabla de surf? Mi primo Santiago dijo que las tablas son muy caras.

Miguel: No, no compré ninguna tabla, alquilé una tabla por una semana. Mis amigos y yo practicamos surf, condujimos motos acuáticas y nos divertimos mucho en el mar. ¡Ah! También alquilamos un velero para pasear en el mar. Por cierto, no ahorramos mucho dinero.

Marcos: Yo fui al río. Mis amigos y yo pescamos todos los días, comimos al aire libre y remamos en la canoa…y ahorramos mucho dinero.

Miguel: Es cierto. Ya tenías los chalecos salvavidas y la canoa.

Marcos: Este año, yo también voy al río.

ESCUCHAR ACTIVIDAD B

Modified Assessment Book p. 23

On-level Assessment Book p. 39

Pre-AP Assessment Book p. 23

TEST CD 1, Track 14

Escucha el siguiente audio. Luego, completa la actividad B.

Mis vacaciones en familia

Cuando era niña, mi familia y yo íbamos de vacaciones cerca del mar. ¡Ah!, la playa. En la playa hay muchas cosas

Audio Scripts

los pies, el calor del sol; puedo decirte muchas cosas del mar.

Mi familia es de la costa y a nosotros nos gustan mucho las actividades acuáticas. Todos los años nuestras vacaciones eran en la playa. Nuestras vacaciones siempre tenían una actividad principal. Teníamos vacaciones de surf, vacaciones de natación, vacaciones de veleros y vacaciones de crucero.

Mis vacaciones favoritas eran las vacaciones de natación. Mi familia y yo nadábamos todo el día, desde el amanecer hasta la puesta del sol. Cuando no nadábamos nos recostábamos debajo de una sombrilla para descansar o jugábamos voleibol playero con los amigos. Era muy divertido hacer equipos de voleibol y competencias en la playa.

HABLAR

Pre-AP Assessment Book p. 28

TEST CD 1, Track 15

You are going to participate in a simulated telephone conversation with the manager from Hotel Mirasol, where you made reservations a while ago. First, read the outline of the whole conversation below. Next, listen to the audio. You will hear only what the manager says to you. Then, listen to the audio again and fill in the pauses with the appropriate responses, according to your cues. A tone will tell you when to start and stop speaking.

FUENTE 2

TEST CD 1, Track 16

Manager: ¡Hola! Le habla el gerente del Hotel Mirasol. ¿Tiene un momento? ¿Con quién hablo, por favor?

<student response>

Manager: Mire, tenemos reservaciones a nombre de usted. Queremos confirmarlas. Primero, ¿cuántas personas van a quedarse con nosotros?

<student response>

Manager: Gracias, a ver: ¿qué tipo de habitación desea? Descríbamela con detalles, por favor.

<student response>

Manager: ¿Qué tipo de servicio de comidas incluido prefiere?

<student response>

Manager: Bueno, creo que eso es todo. Los esperamos. Un saludo del hotel Mirasol. Hasta pronto.

ESCRIBIR

Pre-AP Assessment Book p. 29

TEST CD 1, Track 17

Escucha el mensaje y apunta notas.

FUENTE 2

TEST CD 1, Track 18

Paco: Supimos del huracán y el agua en Acapulco. ¿Había tanta agua como dicen? Un matrimonio mayor dijo que el mar barrió todas las casas. Ellos corrieron, pero el viento no los dejaba llegar: iban hacia atrás más que hacia adelante. Unos niños, sin embargo, dijeron que se divirtieron mucho viendo las sombrillas por el aire. Otros dijeron que no salieron del hotel. ¿Y dónde estabas tú durante todo esto? Mis amigos no te conocen, pero saben que andas por ahí y me preguntaron cómo te fue. ¿Tuviste miedo? ¿Qué hiciste?

Tu primo,

Paco

UNIT 1 TEST: ESCUCHAR
ACTIVIDAD A

Modified Assessment Book p. 35

On-level Assessment Book p. 51

Pre-AP Assessment Book p. 35

TEST CD 1, Track 19

Escucha el siguiente audio. Luego, completa la actividad A.

Diego fue a pasar sus vacaciones a Tampico, la ciudad donde vivió su mamá quince años. Conoce la ciudad muy bien porque todos los años la visita, pero este verano fue más interesante.

Tampico es un puerto de México que tiene unas playas muy hermosas. La arena es fina y el agua del mar nunca está ni fría ni caliente. A Diego le gusta recostarse bajo la sombrilla y escuchar el sonido del mar.

Así estaba Diego ese día, cuando de pronto escuchó a su primo Sergio que lo llamaba:

—¡Diego, Diego! ¡Ven a ver, ven a ver esto!

Diego corrió hacia la orilla de la playa. Su tío Luis y su prima Sofía ya tenían dos kayacs. Se metieron todos en los kayacs y remaron mar adentro. ¡Cuál fue su sorpresa! ¡Había unos delfines! Los delfines fueron hacia los kayacs y se veían muy contentos. Fue entonces cuando Diego, sin pensar, se metió en el agua. Unos minutos después, los tres primos jugaban felices en el mar con los delfines. ¡Fue un día inolvidable!

ACTIVIDAD B

Modified Assessment Book p. 35

On-level Assessment Book p. 51

Pre-AP Assessment Book p. 35

TEST CD 1, Track 20

Escucha el siguiente audio. Luego, completa la actividad B.

La ciudad de Cuernavaca, en México, se conoce por su clima excelente. Le dicen «la ciudad primavera». Su nombre, en idioma náhuatl, quiere decir «cerca del bosque» porque está en un lugar cerca de los árboles. En sus muchos jardines y plazas siempre hay flores y pájaros, no importa la estación del año. Las montañas que están cerca son ideales para hacer caminatas por los senderos, donde hay pequeños ríos de agua dulce. En las montañas se pueden hacer excursiones o acampar. La ciudad de Cuernavaca es muy antigua. Los aztecas tenían ahí casas para descansar. Después Hernán Cortés construyó su palacio ahí. Hoy, gente importante de México y el mundo tienen sus casas de verano en Cuernavaca.

HABLAR

Pre-AP Assessment Book p. 40

TEST CD 1, Track 21

Ahora escucha el siguiente comercial de televisión sobre un hotel que anuncia sus servicios. Toma apuntes.

FUENTE 2

TEST CD 1, Track 22

El hotel Mirasol está en la mejor playa de nuestra región. Tiene doscientas habitaciones, setenta con vista al mar. Podemos recibir a individuos que desean estar solamente una noche o varios días, pero también tenemos habitaciones y cabañas especiales para grupos desde dos a seis personas que desean pasar varias semanas en nuestro refrescante ambiente playero.

Ofrecemos precios especiales para grupos mayores de cuatro personas y también para grupos familiares. Hay un descuento adicional para las familias de tres generaciones o más que se quedan con nosotros, como por ejemplo hijos, padres y los abuelos.

El hotel ofrece diversas actividades playeras. También ofrece transportación especial hasta nuestro otro hotel, el hotel Terramar, que queda en las montañas de nuestra hermosa región, para las personas que también desean hacer ecoturismo en el campo.

ESCRIBIR

Pre-AP Assessment Book p. 41

TEST CD 1, Track 23

Escucha las direcciones para llegar a la Reserva Ecológica Mariposa. Toma apuntes mientras escuchas.

FUENTE 2

TEST CD 1, Track 24

Gracias por su interés en la Reserva Ecológica Mariposa.

Le respondemos con la información que solicitó usted:

Audio Scripts

Estamos a cuarenta kilómetros de Toluca. Si viene usted del Distrito Federal, tiene que tomar el transporte público y luego hacer una caminata. La puesta de sol y el amanecer son inolvidables.

Los hoteles están en Puebla. Aquí le hicimos una reservación de una habitación con estufa de gas.

Le esperamos el 15 de junio. Usted tiene tiempo de visitar los alrededores antes de empezar las clases en la reserva ecológica. El volcán Popocatépelt, en la Sierra Madre, está a treinta kilómetros si quiere escalarlo. También puede hacer deportes acuáticos en el lago Chapala.

Por favor, confirme su llegada.

La dirección.

HERITAGE LEARNERS SCRIPTS HL CDs 1 & 3

INTEGRACIÓN HABLAR

Level 3 HL Workbook p. 35

HL CD 1, Track 5

Vas a participar en una conversación telefónica simulada con tu amigo Salvador. Primero, lee el bosquejo de la conversación que aparece en la página. Luego, escucha el audio. Tú sólo oirás lo que te dice Salvador. Entonces escucha el audio de nuevo. Esta vez participarás en la conversación. Responde de forma oral a lo que te dice Salvador. Una señal te indicará cuando te toque a ti hablar.

FUENTE 2

HL CD 1, Track 6

Salvador: Hola, ¿con quién hablo, por favor?

<student response>

Salvador: Lo pasamos muy bien. El primer día hacía un calor agobiante. Mi mamá consiguió una de esas sombrillas enormes con sillas para asolearse y ahí nos acomodamos todos. Descansamos y nos divertimos mucho. ¿Qué te parece?

<student response>

Salvador: ¡Hicimos tantas cosas! El primer día alquilé una moto acuática. Los siguientes días alquilé una tabla de surf porque no quería gastar todo mi dinero en motos. También nadamos en las playas de arena blanca. Comimos pescados y mariscos y por las noches salíamos a caminar y a participar en juegos y concursos. ¿Te gustaría hacer estas cosas?

<student response>

Salvador: ¿Cuándo fue la última vez que estuviste en Cancún, amigo? ¡Ya es tiempo de que regreses! El próximo año vamos a volver porque mis padres compraron un condominio de tiempo compartido. ¿Quieres venir con nosotros?

<student response>

Salvador: Bueno, tengo que irme. Espero que nos veamos pronto para hablar más de los planes, aunque falte mucho tiempo. ¡Llámame pronto!

<student response>

INTEGRACIÓN ESCRIBIR

Level 3 HL Workbook p. 36

HL CD 1, Track 7

Escucha el mensaje que Barry Guillén dejó en el contestador de su agente de viajes. Toma notas. Luego completa la actividad.

FUENTE 2

HL CD 1, Track 8

Señorita Robles, como quedamos esta mañana, le hablo porque finalmente mi esposa se decidió por tomar el crucero que usted recomendó. Sólo queremos estar seguros de que podremos pasar algún tiempo en Playa del Carmen para hacer surf, bucear y nadar un poco. También, nos interesa que el yate tenga una cubierta donde podamos ver las puestas de sol y asolearnos. ¿Podría decirme otra vez cuáles son las amenidades que ofrece el crucero? Como iba manejando cuando hablábamos, no pude tomar nota. Llámeme por favor al número de la oficina que usted ya tiene. Buenas tardes.

LESSON 1 TEST: ESCUCHAR ACTIVIDAD A

HL Assessment Book p. 29

HL CD 3, Track 13

Escucha la siguiente conversación entre Claudia y Tere y contesta las preguntas con oraciones completas.

Claudia: ¡Mira, qué playa tan bonita! ¿Y tú querías hacer un crucero?

Tere: Pues, yo prefiero nadar en una piscina, no me gusta la arena.

Claudia: Ay, Tere, te pareces tanto a nuestra abuelita, ¿por qué no viajaste con ella?

Tere: Eres bien cómica, pero bueno, ¿ahora qué quieres hacer?

Claudia: De todo, menos estar aburrida.

Tere: ¡Hace un calor agobiante! Claudia, tenemos que reunirnos con Fernando y mis suegros para ver la puesta del sol.

Claudia: ¿Qué dices Tere? ¿Hablas en serio? ¿A qué hora?

Tere: A las siete.

Claudia: Entonces tenemos tiempo para divertirnos. ¡Vamos a buscar los chalecos salvavidas!

Tere: ¿Qué? ¿Quieres remar en canoa?

Claudia: En absoluto, vamos a conducir una moto acuática.

Tere: ¡Ay, hermanita! Parece que no me conoces. No tengo equilibrio y siempre me mareo.

Claudia: ¿Entonces qué quieres hacer? ¿Recoger caracoles?

Tere: No, ya sé que soy muy aburrida, pero pensé en algo que te va a gustar.

Claudia: ¿Qué es?

Tere: Voleibol playero.

Claudia: ¡Excelente idea! Pero vas a estar en la arena.

Tere: Ya no importa, hermanita, voy a hacerlo por ti.

Claudia: ¡Qué buena onda!

ACTIVIDAD B

HL Assessment Book p. 29

HL CD 3, Track 14

Escucha la voz de Emilio y contesta las preguntas con oraciones completas.

Emilio: Cuando era niño, iba a la playa en las vacaciones. Mi padrino tenía una casa rodante bastante grande y le gustaba conducir a muchos lugares.

El año pasado fue muy divertido. Fuimos a Florida con mi padrino, su esposa y su hijo de cinco años. También fue mi mejor amigo, Pepe, mi hermano y su novia. Llegamos a la playa por la mañana. Pepe y Emilio, el novio de mi hermana, estuvieron haciendo surf todo el día. Mi hermana, mi padrino, y yo jugamos al voleibol playero. Fue muy cómico, porque, a los cinco minutos, mi padrino estaba tan cansado, que se recostó en la arena. ¡Y se durmió!

HABLAR

HL Assessment Book p. 34

HL CD 3, Track 15

Vas a participar en una conversación telefónica simulada con el gerente de un hotel en el que hiciste reservaciones hace poco tiempo. Primero, lee el bosquejo de la conversación que aparece en la página. Luego, escucha el audio. Tú sólo oirás lo que te dice el gerente. Entonces escucha el audio de nuevo. Esta vez participarás en la conversación. Responde de forma oral a lo que te dice el gerente. Una señal te indicará cuando te toque a ti hablar.

Audio Scripts

FUENTE 2

HL CD 3, Track 16

El gerente: ¡Hola! Les habla el gerente del Hotel Mirasol. ¿Tiene un momento? ¿Con quién hablo, por favor?

<student response>

El gerente: Mire, tenemos reservaciones a nombre de usted. Queremos confirmarlas. Primero, ¿cuántas personas van a quedarse con nosotros?

<student response>

El gerente: Gracias, a ver: ¿qué tipo de habitación desea? Descríbamela con detalles, por favor.

<student response>

El gerente: ¿Qué tipo de servicio de comidas incluido prefiere?

<student response>

El gerente: Bueno, creo que eso es todo. Los esperamos. Un saludo del hotel Mirasol. Hasta pronto.

ESCRIBIR

HL Assessment Book p. 35

HL CD 3, Track 17

Escucha el mensaje y toma notas.

FUENTE 2

HL CD 3, Track 18

Paco: Supimos del huracán y el agua en Acapulco. ¿Había tanta agua como dicen? Un matrimonio mayor dijo que el mar barrió todas las casas. Ellos corrieron, pero el viento no los dejaba llegar: iban hacia atrás más que hacia adelante. Unos niños, sin embargo, dijeron que se divirtieron mucho viendo las sombrillas por el aire. Otros dijeron que no salieron del hotel. ¿Y dónde estabas tú durante todo esto? Mis amigos no te conocen, pero saben que andas por ahí y me preguntaron cómo te fue. ¿Tuviste miedo? ¿Qué hiciste?

Tu primo,

Paco

UNIT 1 TEST: ESCUCHAR
ACTIVIDAD A

HL CD 3, Track 19

Escucha a Olga y contesta las siguientes preguntas con oraciones completas.

Olga: ¡Hola, me llamo Olga! Soy estudiante de la Escuela Roberto Clemente. Hace una semana nuestra maestra, la Sra. Padilla llevó a la clase a una excursión. Fuimos a visitar un bosque que está al norte de la ciudad. Llegamos al bosque a las 10 de la mañana, pero antes de empezar la caminata, merendamos debajo de unos árboles. Era un día fresco y soleado y podíamos escuchar el cantar de los pájaros. Todos estábamos ansiosos por empezar la caminata. Queríamos tomar fotos y ver unas orquídeas exóticas que la maestra nos había mostrado en Internet. ¡Son unas flores hermosas que sólo crecen en los árboles de ese bosque! Cuando ya estábamos listos para empezar pasó algo increíble. Manuel, que era el guía de la clase nos gritó: ¡Paren! No podíamos creerlo, en medio del sendero vimos una serpiente enorme. Cuando regresamos a la escuela teníamos más fotos de las que anticipábamos, fotos de orquídeas, mariposas, y hasta una serpiente.

ACTIVIDAD B

HL Assessment Book p. 41

HL CD 3, Track 20

Escucha y contesta las siguientes preguntas con oraciones completas.

¡Atención, chicos! ¿Están listos para la escapada de sus vidas? Pues sigan mis instrucciones y el viaje será estupendo. Para poder disfrutar de la selva necesitan el siguiente equipo:

1. Un saco de dormir para dormir en las tiendas de campaña
2. Cajas de fósforos para la fogata
3. Chalecos salvavidas y remos
4. Ollas para la estufa de gas

HABLAR

HL Assessment Book p. 46

HL CD 3, Track 21

Ahora escucha el siguiente comercial de televisión sobre un hotel que anuncia sus servicios. Toma apuntes.

FUENTE 2

HL CD 3, Track 22

El hotel Mirasol está en la mejor playa de nuestra región. Tiene doscientas habitaciones, setenta con vista al mar. Podemos recibir a individuos que desean estar solamente una noche o varios días, pero también tenemos habitaciones y cabañas especiales para grupos desde dos a seis personas que desean pasar varias semanas en nuestro refrescante ambiente playero.

Ofrecemos precios especiales para grupos mayores de cuatro personas y también para grupos familiares. Hay un descuento adicional para las familias de tres generaciones o más que se quedan con nosotros, como por ejemplo hijos, padres y los abuelos.

El hotel ofrece diversas actividades playeras. También ofrece transportación especial hasta nuestro otro hotel, el hotel Terramar, que queda en las montañas de nuestra hermosa región, para las personas que también desean hacer ecoturismo en el campo.

ESCRIBIR

HL Assessment Book p. 47

HL CD 3, Track 23

Escucha las direcciones para llegar a la Reserva Ecológica Mariposa. Toma apuntes mientras escuchas.

FUENTE 2

HL CD 3, Track 24

Gracias por su interés en la Reserva Ecológica Mariposa.

Le respondemos a la información que solicitó usted:

Estamos a cuarenta kilómetros de Toluca. Si viene usted del Distrito Federal, tiene que tomar el transporte público y luego hacer una caminata. La puesta de sol y el amanecer son inolvidables.

Los hoteles están en Puebla. Aquí le hicimos una reservación de una habitación con estufa de gas.

Le esperamos el 15 de junio. Usted tiene tiempo de visitar los alrededores antes de empezar las clases en la reserva ecológica. El volcán Popocatepetl, en la Sierra Madre, está a treinta kilómetros si quiere escalarlo. También puede hacer deportes acuáticos en el lago Chapala.

Por favor, confirme su llegada:

La dirección.

Map/Culture Activities *México*

❶ México tiene miles de millas (*miles*) de costa (*coastline*), formada por varios océanos, bahías y golfos. Localízalos y escribe sus nombres en el mapa.

❷ México es conocido por sus playas bonitas y por el tiempo buenísimo que hace allí. Cuatro de sus playas más famosas son **Acapulco**, **Cabo San Lucas**, **Cancún** y **Puerto Escondido**. Localízalas y escribe sus nombres en el mapa.

❸ Muchas personas visitan México para ver las ruinas de las civilizaciones indígenas (*indigenous*) que todavía existen allí. Empareja cada ciudad con su estructura antigua más famosa. Después, localiza las ciudades y escribe sus nombres en el mapa.

______ **1.** Chichén Itzá	**a.** La ciudad de Monte Albán
______ **2.** Oaxaca	**b.** El Pirámide del Mago (*Magician*)
______ **3.** Uxmal	**c.** El Castillo (*Castle*)
______ **4.** Zempoala	**d.** El Templo de las Chimeneas (*Chimneys*)

Map/Culture Activities *México*

1. México fue influido (*was influenced*) por grupos indígenas (*indigenous*) como los mayas y los zapotecas. ¿Cuáles son algunos de los grupos indígenas de los Estados Unidos? ¿Cómo influyeron la cultura del país?

____

____

____

2. En la página 28 de tu libro, se menciona algunas comidas típicas de México: tamales, tacos, enchiladas y ceviche. ¿Las conoces? ¿Te gustan? ¿Cuáles son algunos ingredientes importantes de la comida mexicana que no se usan mucho en la comida de los Estados Unidos? ¿Por qué?

____

____

____

3. El Distrito Federal, o México D.F., es la capital de México y su ciudad con más habitantes. En la página 29 de tu libro, hay una foto de esa ciudad. ¿Es similar a o diferente de la ciudad donde tú vives? ¿Cómo? ¿Es similar a otra ciudad de los Estados Unidos que conoces? ¿Cuál y cómo?

____

____

____

Map/Culture Activities Answer Key

MÉXICO

p. 95

❶ Refer to map above.

❷ Label Acapulco, Cancún, Cabo San Lucas, and Puerto Escondido on map above.

❸ Label Chichén Itzá, Oaxaca, Uxmal, and Zempoala on map above.

p. 96

❶ Answers will vary.

❷ Answers will vary.

❸ Answers will vary.

1. c

2. a

3. b

4. d

Fine Art Activities

A Popular Dance (19th century), from the Mexican School

Mexican art before the country's independence was based on European artistic traditions.

The Mexican School began as a nationalist movement to break away from these styles. As Mexico was becoming an independent state, many wished to cast off the shackles of colonial power and assert Mexico's own artistic identity. *A Popular Dance* is characteristic of Mexican School pieces in that it depicts typical Mexican culture, in this case a dance with subjects dressed in traditional clothing.

Study *A Popular Dance* and answer the questions below.

1. Look at the colors used in the painting. How does color reflect the mood of the piece?

____

____

____

____

2. *A Popular Dance* was painted with the intent of showcasing the individual artistic identity of a newly-independent country. Do you think this effect was achieved? Why or why not?

____

____

____

____

____

____

A Popular Dance (19th century), Mexican School. Oil on canvas. Giraudon/The Bridgeman Art Library.

Nombre ______________________ Clase ______________ Fecha ______________

Fine Art Activities

Tehuana, Miguel Covarrubias

Miguel Covarrubias often is referred to as a renaissance man for his broad range of interests and his involvement in the arts. An artist himself, Covarrubias produced numerous paintings, illustrations, murals, and photographs. He is well known for his satirical caricatures, many of which appeared on magazine covers. His interest in the pre–Columbian cultures of Latin America and the Indies can be seen in much of his work, including *Tehuana*.

Observe the painting *Tehuana,* by Miguel Covarrubias, and complete the following activities.

1. The female subject of this work is clearly its focal point. Do you think she is portrayed in a realistic fashion? Why or why not?

____

____

____

____

____

2. How can this painting be interpreted on a symbolic level? Observe the proportions of the painting, the posture of the woman and the glow of the basket she carries. Describe what you think the artist may have meant by his choice of colors and images.

____

____

____

____

____

Tehuana (1930), Miguel Covarrubias. Gouache on paper. Courtesy of The Mexican Museum, San Francisco, and the Miguel Covarrubias Estate.

Fine Art Activities

Mis sobrinas, María Izquierdo

The cultures, traditions, and landscapes of Mexico influenced much of the work of María Izquierdo. As a female artist in Mexico during the first half of the twentieth century, her paintings often were overshadowed by the work of well-known muralists like Diego Rivera and Rufino Tamayo. She disagreed with the social realist movement that was popular at the time and sought to create her own forms and determine her own subject matter. Her own image appears in many of her paintings, including *Mis sobrinas*.

Complete the following activities based on your analysis of *Mis sobrinas*, by María Izquierdo.

1. Observe the postures, facial expressions, and dress of these three women. What do you think their personalities are like? Discuss what you think each of these individuals might be like and explain what factors from the painting influenced your opinion.

____

____

____

____

____

____

____

2. What advice do you think the artist might have for her two young relatives? What legacy might she leave them? Create a short statement in the voice of the artist in which you explain your worldview and share your wisdom with your younger relatives.

____

____

____

Mis sobrinas (1952), María Izquierdo. Museo Nacional de Arte Moderno, INBA, Mexico.
Photo: Schalkwijk/Art Resource, NY.

Nombre ______________________ Clase ______________ Fecha ______________

Fine Art Activities

Retrato de Virginia, Frida Kahlo

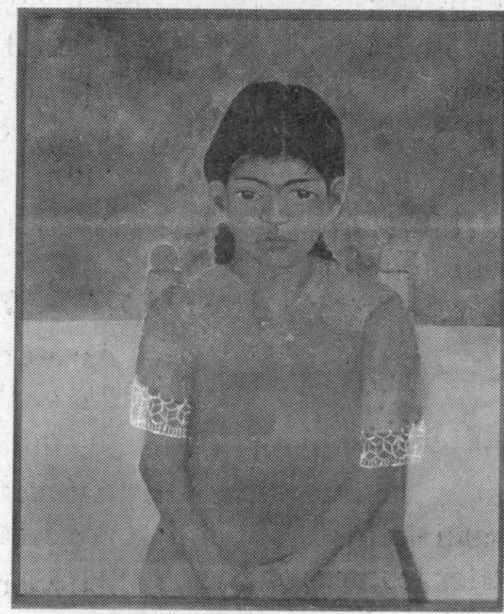

Frida Kahlo is a Mexican artist best known for her unique self-portraits. She had a colorful personality and, along with husband Diego Rivera, was involved in a range of political and artistic movements. Some of the colors and themes of her work reflect the closeness she felt with the indigenous population of her homeland. *Retrato de Virginia* is a portrait of a young girl from Frida's neighborhood.

Study *Retrato de Virginia,* by Frida Kahlo, and complete the following activities.

1. **a.** What details does Kahlo focus on in the portrait?

____

____

b. Would you describe the colors used as bright or muted? Explain your response.

____

____

2. Do you think this portrait is successful at depicting the young girl and her personality? Explain your opinion.

____

____

____

____

____

Portrait of Virginia (1929), Frida Kahlo. 76.5 x 59.5 cm. © 2005 Banco de México Diego Rivera & Frida Kahlo Museums Trust, Av. Cinco de Mayo No. 2, Col. Centro, Del. Cuauhtémoc 06059, México D.F./Photograph by Schalkwijk/Art Resource, NY.

Fine Art Activities Answer Key

A POPULAR DANCE (19TH CENTURY) FROM THE MEXICAN SCHOOL p. 99

1. Answers will vary. Possible answer: The warm earth tones and bright colors of the clothing suggest a happy and inviting scene.
2. Answers will vary. Possible answer: Yes; the painting depicts a traditional Mexican dance as a happy community event. Mexican culture is represented here in a positive light.

TEHUANA, MIGUEL COVARRUBIAS p. 100

1. Answers will vary.
2. Answers will vary. The woman seems strong and larger than life. Her features are representative rather than specific, the glowing basket may symbolize the importance of her role as caretaker, etc.

MIS SOBRINAS, MARÍA IZQUIERDO p. 101

1. Answers will vary. Students may note that each figure holds a very self-assured position (arms crossed, hand on hip, etc), their facial expressions appear likewise, they are dressed in bright colors, etc.
2. Answers will vary.

RETRATO DE VIRGINIA, FRIDA KAHLO p. 102

1a. Answers will vary. The eyelet sleeves of the girl's dress, the pattern of the dress, the pin under the collar, etc.

b. Answers will vary. Many of the colors are earth tones.

2. Answers will vary.

Date: ________________

Dear Family:

We are about to begin *Unidad 1* of the Level 3 *¡Avancemos!* program. It focuses on authentic culture and real-life communication using Spanish in Mexico. It practices reading, writing, listening, and speaking, and introduces students to culture typical of Mexico.

Through completing the activities, students will employ critical thinking skills as they compare the Spanish language and the culture of Mexico with their own community. They will also connect to other academic subjects, using their knowledge of Spanish to access new information. In this unit, students are learning to talk about what they did with friends, to describe a camping trip, to talk about nature, to discuss activities, skills, and abilities, to talk about family vacations, and to describe a place and its climate. They are also learning about grammar—the preterite tense of regular verbs, irregular preterites, stem-changing verbs in the preterite, imperfect tense, and preterite vs. imperfect.

Please feel free to call me with any questions or concerns you might have as your student practices reading, writing, listening, and speaking in Spanish.

Sincerely,

Family Involvement Activity

STEP 1

Create index cards with different vocabulary words or phrases. Choose words that could be acted out in a game of charades. Be creative. On each card, write the word in both Spanish and English. Leave one side of the card blank.

STEP 2

Gather your family together in a comfortable place with no distractions. Split everyone into two teams. Using the deck of cards you have made, have one person from one team act out the word or phrase silently for his or her teammates. Do not let your teammates see the words on the card when you act it out.

STEP 3

Set a time limit for how long the team has to guess the charade. If the team cannot guess the charade in the time frame, the other team may try to guess it and win a point. The team that guesses correctly wins an extra point if it can name the word or phrase in Spanish as well. Each team takes turns acting out charades. Write your scores on a separate piece of paper.

Nombre ______________________ Clase ______________ Fecha ______________

Absent Student Copymasters

Level 3 pp. 32–34

Presentación / Práctica de vocabulario

Materials Checklist

- ☐ Student text
- ☐ *Cuaderno pages* 1–3
- ☐ *Cuaderno para hispanohablantes* pages 1–4
- ☐ TXT CD 1 tracks 15–16
- ☐ Did You Get It? Copymasters 27 and 28
- ☐ ClassZone.com

Steps to Follow

- ☐ Read about outdoor activities in Mexico on pages 32 and 33, sections A–E. The pictures will help you understand the vocabulary.
- ☐ Listen to TXT CD 1 track 15 as you follow along in the text again.
- ☐ Read aloud the words in the **Más vocabulario** box on page 32. Say the words aloud twice.
- ☐ Listen to track 16 of TXT CD 1 to complete the **¡A responder!** activity on page 33.
- ☐ Complete **Práctica de vocabulario, Actividades 1**, **2**, and **3** on page 34.
- ☐ Complete *Cuaderno* pages 1, 2, and 3.
  OR
  Complete *Cuaderno para hispanohablantes* pages 1, 2, 3, and 4.
- ☐ Check your comprehension by completing the **Para y piensa** box on page 34.
- ☐ Complete Did You Get It? Copymasters 27 and 28.

If You Don't Understand . . .

- ☐ Listen to the CD in a quiet place. Repeat aloud with the audio. If you get lost, pause and go back as often as necessary.
- ☐ Read sections A–E silently and aloud. Look up words you don't know.
- ☐ Read all instructions several times, then state them in your own words.
- ☐ Proofread for accuracy in spelling, grammar, and meaning.
- ☐ Use the Interactive Flashcards to help you study the lesson.
- ☐ Keep a list of questions you can discuss with your teacher later.

Nombre ______________________ Clase ______________ Fecha ______________

Absent Student Copymasters

Level 3 pp. 35–36

Vocabulario en contexto

Materials Checklist

- ☐ Student text
- ☐ TXT CD 1 tracks 17–18
- ☐ Did You Get It? Copymasters 27, 29, and 36

Steps to Follow

- ☐ Look at the photo and read **Estrategia: Leer** on page 35.
- ☐ Listen to TXT CD 1 track 17 as you read the text on page 35. Create a mind map as directed in **Estrategia: Leer.**
- ☐ Complete **Actividades 4** and **5** on page 36.
- ☐ Listen to TXT CD 1 track 18 as you follow along in the **Pronunciación** activity on page 36.
- ☐ Check your comprehension by completing the **Para y piensa** box on page 36.
- ☐ Complete Did You Get It? Copymasters 27, 29, and 36.

If You Don't Understand . . .

- ☐ Listen to the recordings where you are not distracted by other things. Repeat the sentences you hear on the CD, and try to copy the pronunciation you hear.
- ☐ Use the model as a guide for writing your own sentences.
- ☐ Read aloud everything that you write. Make sure that it is accurate in meaning, spelling, and punctuation.
- ☐ If you do not understand something, make a note to ask your teacher later.

Nombre ____________________ Clase ______________ Fecha ______________

Absent Student Copymasters

Level 3 pp. 37–39

Presentación / Práctica de gramática

Materials Checklist

- ☐ Student text
- ☐ *Cuaderno* pages 4–6
- ☐ *Cuaderno para hispanohablantes* pages 5–7
- ☐ TXT CD 1 track 19
- ☐ Did You Get It? Copymasters 30–31
- ☐ ClassZone.com

Steps to Follow

- ☐ Study the preterite tense of regular verbs (p. 37).
- ☐ Do **Actividades 6**, 7, **8**, and **9** (pp. 38–39). Listen to TXT CD 1 track 19 to complete **Actividad 6**.
- ☐ Complete *Cuaderno* pages 4, 5, and 6.
  OR
  Complete *Cuaderno para hispanohablantes* pages 5, 6, and 7.
- ☐ Check your comprehension by completing the **Para y piensa** box on page 39.
- ☐ Complete Did You Get It? Copymasters 30 and 31.

If You Don't Understand . . .

- ☐ For activities that require listening, listen to the CD in a quiet place. If you get lost, stop the CD and go back.
- ☐ Reread the activity directions. Write the directions in your own words.
- ☐ Write the model on your paper. Try to follow the model in your own answers.
- ☐ Read aloud everything that you write. Be sure that you understand what you are reading.
- ☐ Write down any questions you have for your teacher.
- ☐ If the activity has parts for two people, practice both parts.
- ☐ Read your answers aloud to make sure they say what you wanted to say.
- ☐ Use the Animated Grammar to help you understand.
- ☐ Use the Leveled Grammar Practice on the @Home Tutor.

Nombre ____________________ Clase ____________________ Fecha ____________________

Absent Student Copymasters

Level 3 pp. 40–41

Gramática en contexto

Materials Checklist

- ☐ Student text
- ☐ TXT CD 1 track 20
- ☐ Did You Get It? Copymasters 30 and 32

Steps to Follow

- ☐ Listen to TXT CD 1 track 20 as you look at the photo and read the text on page 40.
- ☐ Complete **Estrategia: Leer** (p. 40).
- ☐ Study the words in the **También se dice** box.
- ☐ Complete **Actividades 10**, **11**, and **12** on page 41.
- ☐ Check your comprehension by completing the **Para y piensa** box on page 41.
- ☐ Complete Did You Get It? Copymasters 30 and 32.

If You Don't Understand . . .

- ☐ Listen to the CD as many times as you need to complete the activity.
- ☐ Review the activity directions and study the model. Try to follow the model in your own answers.
- ☐ Read everything aloud. Be sure that you understand what you are reading.
- ☐ If you have any questions, write them down for your teacher to answer later.
- ☐ Practice both parts of any partner activities.
- ☐ Think about what you are trying to say when you write a sentence. After you write your sentence, check to make sure that it says what you wanted to say.

Nombre ______________________ Clase ______________ Fecha ______________

Absent Student Copymasters

Level 3 pp. 42–44

Presentación / Práctica de gramática

Materials Checklist

- ☐ Student text
- ☐ *Cuaderno* pages 7–9
- ☐ *Cuaderno para hispanohablantes* pages 8–11
- ☐ Did You Get It? Copymasters 33–34
- ☐ ClassZone.com

Steps to Follow

- ☐ Study irregular preterites on page 42.
- ☐ Do **Actividades 13**, **14**, and **15** (pp. 43–44).
- ☐ Complete *Cuaderno* pages 7, 8, and 9.
  OR
  Complete *Cuaderno para hispanohablantes* pages 8, 9, 10, and 11.
- ☐ Check your comprehension by completing the **Para y piensa** box on page 44.
- ☐ Complete Did You Get It? Copymasters 33 and 34.

If You Don't Understand . . .

- ☐ Review the section before completing the activities.
- ☐ Read the model a few times so you are certain that you understand what to do. Follow the model.
- ☐ Say what you want to write before you write it.
- ☐ Write down any questions you have for your teacher.
- ☐ If the activity has parts for two people, practice both parts.
- ☐ After you write a sentence, check to make sure that it says what you wanted to say.
- ☐ Use the Animated Grammar to help you understand.
- ☐ Use the Leveled Grammar Practice on the @Home Tutor.

Nombre ______________________ Clase ______________ Fecha ______________

Absent Student Copymasters

Level 3 pp. 45–47

Todo junto

Materials Checklist

- ☐ Student text
- ☐ *Cuaderno* pages 10–11
- ☐ *Cuaderno para hispanohablantes* pages 12–13
- ☐ TXT CD 1 tracks 21–23
- ☐ WB CD 1 tracks 1–4
- ☐ HL CD 1 tracks 1–4
- ☐ Did You Get It? Copymasters 33 and 35

Steps to Follow

- ☐ Read **Estrategia: Escuchar** (p. 45). Copy the questions.
- ☐ Review the content of **Unidad 1, Contextos 1** and **2**.
- ☐ Read the script and try to understand the dialogue based on the picture.
- ☐ Listen to TXT CD 1 track 21 as you read **Contexto 3** (pp. 45–46). Try to answer the questions in **Estrategia: Escuchar**.
- ☐ Look at the dialogue in the book. Follow along as you listen. Use the pictures and context to help you understand the dialogue.
- ☐ Complete **Actividades 17**, **18**, **19**, and **20** on pages 46 and 47. Listen to TXT CD 1 tracks 21, 22, and 23 to do **Actividades 17** and **19**.
- ☐ Complete *Cuaderno* pages 10 and 11.
  OR
  Complete *Cuaderno para hispanohablantes* pages 12 and 13.
- ☐ Check your comprehension by completing the **Para y piensa** box on page 47.
- ☐ Complete Did You Get It? Copymasters 33 and 35.

If You Don't Understand . . .

- ☐ If you are having trouble with an activity, complete the ones you can do first.
- ☐ Reread the activity directions. Write the directions in your own words.
- ☐ Write the model on your paper. Try to follow the model in your own answers.
- ☐ Read aloud everything that you write. Be sure that you understand what you are reading.
- ☐ Practice both parts of any partner activities.

Nombre ______________________ Clase ______________ Fecha ______________

Absent Student Copymasters

Level 3 pp. 48–52

Lectura literaria y Conexiones

Materials Checklist

- ☐ Student text
- ☐ TXT CD 1 tracks 24–25

Steps to Follow

- ☐ Read and complete **Estrategia: Leer** (p. 48).
- ☐ Read **Nota cultural** on page 48.
- ☐ Follow along with TXT CD 1 tracks 24 and 25 as you read **"Hermandad"** and **"Viento, agua, piedra"** (pp. 49–51).
- ☐ Check your comprehension by completing the **¿Comprendiste?** and **¿Y tú?** sections of the **Para y piensa** box on page 51.
- ☐ Read **Las ciencias naturales** on page 52.
- ☐ Research the life cycle of the monarch butterfly as directed in the **Proyecto**.
- ☐ Answer the questions in **En tu comunidad**.

If You Don't Understand . . .

- ☐ Listen to the CD as many times as necessary.
- ☐ Reread the directions for the activity you find difficult. Write the directions in your own words.
- ☐ Read everything aloud. Be sure that you understand what you are reading.
- ☐ Write down any questions you have for your teacher.
- ☐ Think about what you are trying to say when you write a sentence. After you write your sentence, check to make sure that it says what you wanted to say.

Nombre ______________________ Clase ______________ Fecha ______________

Absent Student Copymasters

Level 3 pp. 54–55

Repaso de la lección

Materials Checklist

- ☐ Student text
- ☐ *Cuaderno* pages 12–23
- ☐ *Cuaderno para hispanohablantes* pages 14–23
- ☐ TXT CD 1 track 26
- ☐ WB CD 1 tracks 5–10

Steps to Follow

- ☐ Read the bullet points under **¡Llegada!** on page 54.
- ☐ Complete **Actividades 1**, **2**, **3**, **4**, and **5** (pp. 54–55). Listen to TXT CD 1 track 26 to complete **Actividad 1**.
- ☐ Complete *Cuaderno* pages 12, 13, and 14.
- ☐ Complete *Cuaderno* pages 15, 16, and 17.
  OR
  Complete *Cuaderno para hispanohablantes* pages 14, 15, and 16–17.
- ☐ Complete *Cuaderno* pages 18, 19, and 20.
  OR
  Complete *Cuaderno para hispanohablantes* pages 18, 19, and 20.
- ☐ Complete *Cuaderno* pages 21, 22, and 23.
  OR
  Complete *Cuaderno para hispanohablantes* pages 21, 22, and 23.

If You Don't Understand . . .

- ☐ Do the activities that you understand first.
- ☐ For activities that require the CD, listen to the CD in a quiet place. If you get lost, stop the CD and go back.
- ☐ Review the activity directions and study the model. Try to follow the model in your own answers.
- ☐ If you have any questions, write them down for your teacher to answer later.
- ☐ Read your answers aloud to make sure they say what you wanted to say.

Nombre ______________________ Clase ______________ Fecha ______________

Absent Student Copymasters

Level 3 pp. 58–60

Presentación / Práctica de vocabulario

Materials Checklist

- ☐ Student text
- ☐ *Cuaderno* pages 24–26
- ☐ *Cuaderno para hispanohablantes* pages 24–27
- ☐ TXT CD 2 tracks 1–2
- ☐ Did You Get It? Copymasters 37 and 38
- ☐ ClassZone.com

Steps to Follow

- ☐ Read the new vocabulary about beach activities on pages 58 and 59. Look at the pictures to help you understand the text.
- ☐ Study the words in the **Más vocabulario** box on page 58. Practice using them aloud in sentences.
- ☐ Listen to TXT CD 2 track 2 to complete the **¡A responder!** activity on page 59.
- ☐ Do **Práctica de vocabulario Actividades 1**, **2**, and **3** on page 60.
- ☐ Complete *Cuaderno* pages 24, 25, and 26.
  OR
  Complete *Cuaderno para hispanohablantes* pages 24, 25, 26, and 27.
- ☐ Check your comprehension by completing the **Para y piensa** box on page 60.
- ☐ Complete Did You Get It? Copymasters 37 and 38.

If You Don't Understand . . .

- ☐ Listen to the recordings a few times, paying attention to pronunciation and word usage.
- ☐ Use the model in **Actividad 1** to guide your own sentence structure.
- ☐ Read your answers aloud after you write them. Check for accuracy in meaning, spelling, grammar, and punctuation.
- ☐ Keep a list of words or phrases that you need help expressing in Spanish. Ask your teacher and classmates for help later.
- ☐ Use the Interactive Flashcards to help you study the lesson.

Nombre ______________________ Clase ______________ Fecha ______________

Absent Student Copymasters

Level 3 pp. 61–62

Vocabulario en contexto

Materials Checklist

- ☐ Student text
- ☐ TXT CD 2 track 3
- ☐ Did You Get It? Copymasters 37, 39, and 46

Steps to Follow

- ☐ Read **Estrategia: Leer** on page 61.
- ☐ Listen to TXT CD 2 track 3 as you read Sandra's blog about her trip. Create her family tree according to the directions in **Estrategia**.
- ☐ Complete **Actividades 4** and **5** on page 62.
- ☐ Read **Repaso gramatical** on page 62. Read the sentences aloud.
- ☐ Check your comprehension by completing the **Para y piensa** box on page 62.
- ☐ Complete Did You Get It? Copymasters 37, 39, and 46.

If You Don't Understand . . .

- ☐ Listen to and imitate the pronunciation in the CD. If you get lost, pause and go back as often as necessary.
- ☐ Read your answers aloud.
- ☐ Keep a list of questions or observations to share with your teacher later.

Nombre ______________________ Clase ______________ Fecha ______________

Absent Student Copymasters

Level 3 pp. 63–65

Presentación / Práctica de gramática

Materials Checklist

- [ ] Student text
- [ ] *Cuaderno* pages 27–29
- [ ] *Cuaderno para hispanohablantes* pages 28–30
- [ ] TXT CD 2 track 4
- [ ] Did You Get It? Copymasters 40–41
- [ ] ClassZone.com

Steps to Follow

- [ ] Study the Imperfect Tense chart on page 63.
- [ ] Complete **Actividades 6** and **7** on page 64. Use TXT CD 2 track 4 to complete **Actividad 6**.
- [ ] Do **Actividades 8** and **9** on page 65.
- [ ] Read the **Comparación cultural, Los clavadistas de Acapulco**, on page 64, and answer the questions in **Compara con tu mundo**.
- [ ] Complete *Cuaderno* pages 27, 28, and 29.
  OR
  Complete *Cuaderno para hispanohablantes* pages 28, 29, and 30.
- [ ] Check your comprehension by completing the **Para y piensa** box on page 65.
- [ ] Complete Did You Get It? Copymasters 40 and 41.

If You Don't Understand . . .

- [ ] Read the grammar chart on page 63 aloud several times. Copy the chart in your notebook and practice creating sentences aloud that use the imperfect tense before you begin the written activities.
- [ ] Read the models several times to understand how to write your answers.
- [ ] Read aloud everything that you write. Check for spelling and verb-subject agreement.
- [ ] Use the Animated Grammar to help you understand.
- [ ] Use the Leveled Grammar Practice on the @Home Tutor.
- [ ] Write down any questions for your teacher.

Nombre ______________________ Clase ______________ Fecha ______________

Absent Student Copymasters

Level 3 pp. 66–67

Gramática en contexto

Materials Checklist

- ☐ Student text
- ☐ TXT CD 2 track 5
- ☐ Did You Get It? Copymasters 40 and 42

Steps to Follow

- ☐ Read **Estrategia: Leer** on page 66.
- ☐ Read **Contexto 2, Novela gráfica**, and follow along with TXT CD 2 track 5 as you read (p. 66).
- ☐ Complete the activity in **Estrategia: Leer**.
- ☐ Complete **Actividades 10** and **11** on page 67.
- ☐ Check your comprehension by completing the **Para y piensa** box on page 67.
- ☐ Complete Did You Get It? Copymasters 40 and 42.

If You Don't Understand . . .

- ☐ Listen to the CD in a quiet place. If you get lost, pause and go back as necessary.
- ☐ Say the activity directions in your own words after you read them.
- ☐ Read aloud everything that you write. Check for spelling and verb-subject agreement.
- ☐ If you have any questions, write them down for your teacher to answer later.

Nombre ______________________ Clase ______________ Fecha ______________

Absent Student Copymasters

Level 3 pp. 68–70

Presentación / Práctica de gramática

Materials Checklist

- ☐ Student text
- ☐ *Cuaderno* pages 30–32
- ☐ *Cuaderno para hispanohablantes* pages 31–34
- ☐ TXT CD 2 track 6
- ☐ Did You Get It? Copymasters 43–44, and 47
- ☐ ClassZone.com

Steps to Follow

- ☐ Review the preterite vs. imperfect on page 68. Read the chart a few times, both silently and aloud.
- ☐ Follow the instructions to complete **Actividades 12**, **13**, **14**, **15**, and **16** on pages 69 and 70.
- ☐ Listen to TXT CD 2 track 6 as you follow along in the **Pronunciación** activity on page 69.
- ☐ Complete *Cuaderno* pages 30, 31, and 32.
  OR
  Complete *Cuaderno para hispanohablantes* pages 31, 32, 33, and 34.
- ☐ Check your comprehension by completing the **Para y piensa** box on page 70.
- ☐ Complete Did You Get It? Copymasters 43, 44, and 47.

If You Don't Understand . . .

- ☐ Use the chart on page 68 as a guide for writing your own sentences.
- ☐ Read over the directions several times. State them in your own words.
- ☐ Review everything that you write by reading it aloud. Check that it makes sense and that your verbs, subjects, and adjectives agree.
- ☐ Refer to the grammar chart as often as needed to ensure that you are using the correct form of pronoun.
- ☐ Listen to the CD where you have no distractions. Pause and go back as needed.
- ☐ Use the Animated Grammar to help you understand.
- ☐ Use the Leveled Grammar Practice on the @Home Tutor.

Nombre ______________________ Clase ______________ Fecha ______________

Absent Student Copymasters

Level 3 pp. 71–73

Todo junto

Materials Checklist

- ☐ Student text
- ☐ *Cuaderno* pages 33–34
- ☐ *Cuaderno para hispanohablantes* pages 35–36
- ☐ TXT CD 2 tracks 7–9
- ☐ WB CD 1 tracks 11–14
- ☐ HL CD 1 tracks 5–8
- ☐ Did You Get It? Copymasters 43 and 45

Steps to Follow

- ☐ Read **Resumen contextos 1 y 2** to review information about Sandra. Then read **Estrategia: Escuchar** (p 71).
- ☐ Listen to TXT CD 2 track 7 as you read **Contexto 3: Diálogo** on pages 71 and 72. Complete the activity from **Estrategia: Escuchar**.
- ☐ Study the words in the **También se dice** box.
- ☐ Complete **Actividades 17, 18,** and **19** on pages 72 and 73. Use tracks 7, 8, and 9 of TXT CD 2 to complete **Actividades 17** and **18**.
- ☐ Complete *Cuaderno* pages 33 and 34.
  OR
  Complete *Cuaderno para hispanohablantes* pages 35 and 36.
- ☐ Check your comprehension by completing the **Para y piensa** box on page 73.
- ☐ Complete Did You Get It? Copymasters 43 and 45.

If You Don't Understand . . .

- ☐ Listen to the CD in a quiet place where you will not be distracted. Pause and go back if you get lost.
- ☐ Read the text of **Actividades 17** and **18** before you begin to listen to the CD.
- ☐ Read the model in **Actividad 18** several times to give you a clear idea of how to complete the activity.
- ☐ Read everything you write. Check that what you write says what you wanted to say, and that there are no spelling or punctuation errors.
- ☐ Keep a list of questions to discuss with your teacher later.

Nombre ______________________ Clase ______________ Fecha ______________

Absent Student Copymasters

Level 3 pp. 74–77

Lectura literaria

Materials Checklist

- ☐ Student text
- ☐ TXT CD 2 track 10

Steps to Follow

- ☐ Read **¡Avanza!** and **Estrategia: Leer y escribir** (p. 74). Create a story map as directed in the **Estrategia**.
- ☐ Read about the author and subject in **Nota cultural** before you read the text (p. 74).
- ☐ Read **"Como agua para chocolate"** (pp. 75–77). Listen to TXT CD 2 track 10 as you read.
- ☐ Answer the **Reflexiona** questions on pages 75 and 76.
- ☐ Check your comprehension by completing the **¿Comprendiste?** and **¿Y tú?** sections of the **Para y piensa** box on page 77.

If You Don't Understand . . .

- ☐ Listen to the CD repeatedly until you feel you are following the story well.
- ☐ Read the **A pensar** sections to help guide your reading of the text.
- ☐ Reread the text aloud to help you find the answers to the reflection questions.
- ☐ Form your answers before you begin to write anything. Choose the best way to phrase what you want to express.
- ☐ Reread aloud everything that you write.
- ☐ Look up any unfamiliar words. Keep a list of words or phrases you still need help understanding so you can ask your teacher later.

Absent Student Copymasters

Level 3 pp. 80–81

Repaso de la lección

Materials Checklist

- ☐ Student text
- ☐ *Cuaderno* pages 35–46
- ☐ *Cuaderno para hispanohablantes* pages 37–46
- ☐ TXT CD 2 track 11
- ☐ WB CD 1 tracks 15–20

Steps to Follow

- ☐ Read the bullet points under **¡Llegada!** silently and then aloud (p. 80).
- ☐ Complete **Actividades 1**, **2**, **3**, **4**, and **5** (pp. 80–81). Listen to TXT CD 2 track 11 to complete **Actividad 1**.
- ☐ Complete *Cuaderno* pages 35, 36, and 37.
- ☐ Complete *Cuaderno* pages 38, 39, and 40.
  OR
  Complete *Cuaderno para hispanohablantes* pages 37, 38, and 39–40.
- ☐ Complete *Cuaderno* pages 41, 42, and 43.
  OR
  Complete *Cuaderno para hispanohablantes* pages 41, 42, and 43.
- ☐ Complete *Cuaderno* pages 44, 45, and 46.
  OR
  Complete *Cuaderno para hispanohablantes* pages 44, 45, and 46.

If You Don't Understand . . .

- ☐ Read aloud with the audio. Imitate the pronunciation of the voices on the CD.
- ☐ Read the activity directions aloud several times. Study the model in **Actividad 3**.
- ☐ Look back through the lesson to review the preterite and imperfect verb tenses and the vocabulary words. Take more time on sections that are harder for you.
- ☐ Proofread your work for spelling, punctuation, grammar, and meaning.
- ☐ Keep a list of items that are still confusing, to discuss with your teacher later.

Nombre ______________________ Clase ______________ Fecha ______________

Absent Student Copymasters

Level 3 pp. 82–83

Comparación cultural

Materials Checklist

- [ ] Student text
- [ ] TXT CD 2 track 12

Steps to Follow

- [ ] Read the **Leer** and **Escribir** strategies in **Lectura y escritura** on page 82.
- [ ] Listen to TXT CD 2 track 12 as you read **Tierra de contrastes** in the text on page 82.
- [ ] Reread the strategy for **Escribir**, then begin **Actividad 2** (p. 82).
- [ ] Do the **Compara con tu mundo** writing assignment on page 82.

If You Don't Understand . . .

- [ ] Read through the **Escribir** assignment before you begin to read the feature so that you understand what you need to do for the activity.
- [ ] Listen to the recording as many times as needed to understand all the speakers clearly. Stop to look up words you don't know, then go back and listen to the recording again.
- [ ] Think about what you want to say before you begin writing. Reread everything you write. Check for punctuation, spelling, and verb–subject agreement.
- [ ] Keep a list of questions to ask your teacher later.

UNIDAD 1 Lección 2 Absent Student Copymasters

Nombre _______________ Clase _______________ Fecha _______________

Absent Student Copymasters

Level 3 pp. 86–87

Repaso inclusivo

Materials Checklist

- [ ] Student text
- [ ] TXT CD 2 track 13

Steps to Follow

- [ ] Follow the instructions to complete **Actividades 1**, **2**, **3**, **4**, **5**, **6**, and **7** on pages 86 and 87.
- [ ] Listen to TXT CD 2 track 13 to complete **Actividad 1** on page 86.

If You Don't Understand . . .

- [ ] For **Actividad 1**, listen to the CD in a quiet place. Repeat aloud with the audio.
- [ ] Read activity directions carefully. Be creative with your answers. Use the dictionary to look up words you can't remember.
- [ ] Utilize your textbook to review the vocabulary and verb conjugations needed to complete each activity. Go back to the lesson that taught what you need.
- [ ] Read aloud everything that you write. Double check your work for accuracy in meaning, spelling, grammar, and punctuation.
- [ ] Keep a list of anything you still don't understand. Discuss it with your teacher later.